I0766418

Cocinando Aprendizajes
150 recetas prácticas
para educar en valores

César García-Rincón de Castro (2019)
www.cesargarciarincon.com

Cocinando Aprendizajes.
150 recetas para educar en valores.

2ª edición ampliada y revisada.
© César García-Rincón de Castro (2019)
Edita: Prosocialia – Amazon Independently Published
www.prosocialia.org
ISBN: 978-1697755879

Índice de actividades.

Si bien las actividades están ordenadas por tramos de edad, recomiendo echar un vistazo a todas, ya que, en unos casos, *la frontera de la edad depende de los grupos y contextos educativos*, no es algo rígido ni común a todos los participantes y, en otros casos, con un poco de creatividad pedagógica, es posible *adaptar actividades de unas edades a otras.*

En este sencillo manual práctico he querido compartir con todos los educadores/as, tanto del ámbito formal como no formal, *mis mejores ideas y recetas prácticas para educar en valores*, algo que quienes me conocen, saben que es lo que más me apasiona, ocupa y preocupa desde hace tiempo.

No es un manual de dinámicas de grupo al uso, de hecho he querido prescindir de una ficha-tipo para cada dinámica con su introducción, sus objetivos, indicadores, etc., porque confieso que cuando busco una buena idea en un libro, generalmente voy al grano, a la esencia. Pues esa es la filosofía de este manual: buenas ideas rápidas de ver y captar, que nos sugieran enseguida qué hacer no sólo con ellas, sino también a partir de ellas, integrándolas en nuestro marco, objetivos, indicadores y programación.

He procurado también, que estas recetas e ideas *recojan temas actuales como la igualdad de género, el medio ambiente, Derechos Humanos, las migraciones, la paz, la justicia y la solidaridad*, es decir asuntos y conceptos clave de eso que llamamos *Educación para el Desarrollo Humano*.

Del mismo modo, he procurado que *las dinámicas no requieran una gran inversión en medios, así como materiales desechables*. En algunos casos es necesario el papel, pero en general he procurado que haya un ahorro y cuidado medio-ambiental también en la realización de las actividades.

También, he querido que *la mayoría de estas actividades se realicen en equipo, de forma cooperativa con los participantes*, si bien en algunos casos ha sido necesaria la reflexión o acción individual, para garantizar que todos entrenan, pero siempre terminando con algo grupal y cooperativo.

Finalmente, *he querido también diseñar estas actividades de tal modo que sirvan en cualquier parte del mundo*, evitando referencias sólo a un determinado continente o país, y también evitar la dependencia de las mismas a los dispositivos digitales, ya que hay mucha oferta de actividades digitales por un lado, y por otro lado hay lugares donde la accesibilidad digital de todos todavía no es posible, o resulta muy complicada.

Lo que más vale de las mismas, insisto, son las ideas novedosas que proponen en general, siendo en algún caso una reinvención de alguna dinámica que ya conocemos, pero *como buen artesano pedagógico, siempre me ha gustado innovar y proponer,* y aquí hay mucho de ello. Como tales, las ideas novedosas, a vece simples pero muy prácticas, nos generan más ideas a los demás y abren más posibilidades.

Estas ideas e innovaciones han salido de mis recorridos formativos y de consultoría con centros educativos, en los que tengo que agudizar el ingenio para ofrecer al profesorado ideas novedosas que sirvan para entrenar los "desempeños competenciales" de las nuevas competencias educativas. Detrás de cada dinámica hay inherente la "puesta en escena" de un desempeño que el educador/a podrá intuir enseguida. La idea, la actividad es el corazón de la dinámica, *el marco y contexto desde el que se realiza la actividad es lo que la diferencia de unos sitios a otros,* por ello no me parece lógico poner un marco, he dejado sólo lo esencial, para que también se capte rápido y en el menor tiempo posible.

Recomiendo utilizar estas ideas y actividades siempre dentro de una secuencia o marco pedagógico (esa es su esencia y su virtud adaptativa), como puede ser el *ver-juzgar-actuar* o la secuencia más actual del Ciclo de David Kolb del aprendizaje experiencial *experiencia – reflexión – aplicación.* Todo proceso de enseñanza-aprendizaje requiere que contemplemos algún tipo de método o secuencia didáctica que garantice la mejor adquisición de las competencias educativas asociadas a las actividades, así como la estimulación de las más inteligencias posibles, que siempre contribuirán a un mejor y más duradero aprendizaje.

La Teoría del *Aprendizaje Experiencial* ("Experiential Learning Theory") de David A. Kolb (1984)[1] se centra en el papel clave que juega la experiencia en el proceso de aprendizaje. Desde este punto de vista experiencial, *el aprendizaje es el proceso mediante el cual construimos conocimiento, a través de la reflexión y de "dar sentido" a las experiencias.* Algunas dinámicas y juegos que aquí propongo constituyen *valiosas experiencias visuales, auditivas y kinestésicas* (movimiento) a partir de las cuales iniciar procesos de aprendizaje más profundos. Para ello, propongo que sigamos la secuencia siguiente de tres pasos, que es un resumen más sencillo y práctico de las 4 fases o etapas del Ciclo de David Kolb del aprendizaje experiencial:

1. **Experimentar**: se trata de captar la atención y la emoción de los educandos con algo que despierte todos sus sentidos: una buena historia, una buena imagen, una buena canción, un símbolo, un ejemplo genial, un pequeño juego, etc.
2. **Reflexionar**: se trata aquí de generar un espacio en que puedan expresar y verbalizar lo que han escuchado, cómo se han sentido, lo que piensan, plantearles preguntas interpelantes.
3. **Aplicar**: facilitar una situación o producto de aprendizaje como aplicación o transferencia de lo que han aprendido a su contexto habitual, de modo que puedan practicar los valores, hábitos y comportamientos aprendidos.

---

[1] KOLB, D.A. (1984). *Experiential Learning.* Englewood Cliffs, NJ.: Prentice Hall.

Las actividades propuestas en este libro nos ayudarán como experiencias, como elementos de reflexión y también como aplicaciones prácticas. Algunas de ellas incluso plantean claramente los tres pasos del proceso. En este sentido constituyen *eficaces instrumentos y ejercicios para entrenar las competencias educativas* (capacidades + conocimientos + valores) asociadas a nuestro currículo o proyecto educativo.

Es mi deseo, una vez más, contribuir con estas recetas a cocinar un mundo más justo, humano y solidario con todos los cocineros y cocineras que queráis acompañarme en esta misión.

Tienes más ideas, sugerencias prácticas y vídeos de dinámicas y recetas en mi blog www.cocinandoaprendizajes.org que voy actualizando periódicamente.

César García-Rincón de Castro
Octubre de 2019

Actividades para niñas y niños hasta 6 años.

1. El dado de la amistad.

Asignamos a un dado seis funciones básicas para conocernos mejor entre nosotros y hacer amigos. Jugamos en grupos de cuatro-cinco, cada cierto tiempo y vamos cambiando los grupos, de forma que al final todos juguemos con todos. Se va rotando, y quien tira el dado explica a los demás lo que le salga, según el número.

Estas seis funciones son (se representarán en una ficha con dibujos y palabras y el educador antes las explicará):

1= Me gusta jugar a...
2= Yo he nacido en...
3= De mayor quiero ser...
4= El mundo está contento cuando...
5= Soy feliz cuando...
6= Mi palabra favorita es...

2. La ciudad de la alegría.

Entre todos pintamos un mural de una ciudad alegre, en el que ponemos fotos nuestras estando alegres también. Podemos animar el mobiliario urbano, los árboles, etc. Conviene sugerirles que sea una ciudad habitable, ecológica, diversa, sin ruidos.

Previamente, en la fase de motivación de la actividad (experiencia) conviene que caigan en la cuenta de los elementos que entristecen la vida ciudadana, como por ejemplo algunas fotos de nuestra ciudad que no nos gustan, o tras dar un paseo por la misma y fijarnos en cosas que nos han gustado y en cosas que deberían mejorarse.

3. El dado de las 6 palabras positivas.

Elaboramos un dado con 6 palabras positivas, o bien asignamos esas 6 palabras a los seis números del dado. Estas 6 palabras son: GRACIAS, JUNTOS, POR FAVOR, PERDÓN, DIÁLOGO, ACUERDO.

Por turnos lanzamos el dado dos veces cada jugador, en la primera vez que lanzamos seleccionamos la palabra que salga al azar, y en la segunda vez que lo lanzamos, haremos lo siguiente según salga número par o impar:

- Si sale número PAR: explica a los demás cuándo fue la última vez que escuchaste esta palabra estando con otros, cuál era la situación y que consecuencias o efectos tuvo.
- Si sale número IMPAR: explica a los demás cuando fue la última vez que utilizaste tú esta palabra, cuál era la situación y que consecuencias o efectos tuvo en los demás.
- En ambos casos, si el jugador/a no recuerda ninguna situación, entonces ha de inventarse una situación en la que utilizaría esa palabra y explicar para qué serviría y por qué la utilizaría.

De esta manera *estaremos un rato conversando sobre el uso de palabras positivas, y su importancia y eficacia constructiva en nuestra relación con los demás.*. Podemos hacer varios dados con otras palabras, y jugar cada cierto tiempo, cambiando dados y grupos.

4. Construimos en silencio.

Agrupamos a los alumnos/as por equipos para hacer una actividad de construcciones o tipo puzle. A cada grupo le damos su material, pero también les damos la consigna de que deben hacer la construcción en silencio, sin hablar ni hacer ruidos, sólo pueden utilizar los gestos de su cara o sus manos y brazos.

Conviene poner una música de fondo tranquila, que les ayude a crear un clima de silencio. El educador/a observa si respetan la consigna, cómo se comunican, etc. Y al final hablamos de la importancia del lenguaje no verbal, del silencio y de la cooperación.

5. El dado de los sentimientos compartidos.

Elaboramos un dado o varios con 6 emoticonos que expresen emociones y sentimientos conocidos por los niños/as, como por ejemplo: alegría, tristeza, enfado, desagrado, miedo, sorpresa, vergüenza.

Hacemos varios grupos, de unos 5 niños/as, y les damos un dado de los sentimientos a cada grupo. Entonces les explicamos que tiren el dado, y cuando les toque un sentimiento-emoción, tienen que explicar a los demás lo siguiente:

La última vez que me sentí así (nombre de la emoción) ... fue porque ... (causa de la emoción)

De este modo van a trabajar la identificación de emociones, la comunicación de esas emociones y el pensamiento causal (causa de las emociones "fue por que...").

6. La humanidad ilustrada.

Cada niño/a ha de buscar un valor o virtud en una ilustración de un cuento, bien de la biblioteca del colegio, o bien de los que tengan en casa.

El día que el profesor/a indique, cada cual expondrá a los demás la ilustración que ha seleccionado. Esta actividad de búsqueda e identificación puede hacerse en la biblioteca del centro, por equipos, durante una sesión de clase. Previamente, habrá que asignar a cada alumno/a o equipo, el valor o virtud que deben buscar.

7. Los reporteros gráficos.

Agrupamos a los alumnos/as en parejas, mejor que sean diferentes entre sí en cuanto a sexo, cultura, intereses. Les decimos que cada cual explique al otro cómo es su mascota preferida. El reportero gráfico tiene que dibujar la mascota que le explica su compañero/a de pareja.

Una vez que lo ha hecho, se intercambian los papeles, y el reportero anterior ahora explica su mascota al compañero, que hace de reportero.

Al final, cada cual explicará a toda la clase, mostrando su dibujo, cómo es la mascota de su compañero y cómo se llama. De tal forma que hemos trabajado, escucha, empatía, expresión verbal y plástica y comunicación en público.

8. El emoticómetro de los personajes.

Tras la lectura de un cuento, o visualización de una película, aplicaremos el *emoticómetro* a cada personaje, indicando si estaba enfadado, triste o contento en diferentes momentos de la narración. Cada alumno puede tener los tres emoticonos y levantar el que corresponda a cada pregunta o propuesta del educador sobre un personaje del cuento. También los podemos dibujar en la pizarra (digital o tradicional) y señalar el que corresponda a cada personaje.

De este modo estaremos trabajando la identificación de emociones, además de la escucha atenta del cuento-narración.

9. Las cinco preguntas de la responsabilidad.

Enseñamos a los niños y niñas fotos o cuadros en las que haya varias personas, y una de ellas claramente con una situación de necesidad (tristeza, marginación, enfado, etc.). Utilizamos una secuencia básica de 5 preguntas por este orden para comentar cada foto o cuadro:

-¿Quién necesita ayuda?
-¿Por qué está así?
-¿Cómo podemos ayudarle?
-¿Qué ocurrirá si no le ayudamos?
-¿Qué ocurrirá si le ayudamos?

Con este ejercicio trabajamos el modelo de *las cinco competencias cognitivas* de John Spivack y Mirna Shure (pensamiento causal, consecuencial, creativo, medios-fin y empático).

10. Entrenamiento en identificar y resolver dilemas éticos.

Es bueno que niños y niñas vayan entrenando su capacidad de ver y resolver dilemas éticos, presentando pares de situaciones bajo un hilo conductor de los contrarios. A partir de imágenes, frases cortas que formulemos, casos prácticos, o incluso escenas de cuentos, podemos cada cierto tiempo trabajar bajo estos sencillos dilemas:

-Seguro & Peligroso
-Saludable & Perjudicial
-Está bien & No está bien
-Justo & Injusto
-Agradable & Desagradable

11. La rueda de la comunicación.

Haremos dos círculos concéntricos con el mismo número de alumnos/as. Unos formarán el círculo interior y otros el exterior. Entre ellos, dos a dos, uno del círculo interior y otro del exterior, deben hablar del tema o asunto que proponga el educador/a, durante un minuto de tiempo. Hablan los del círculo interior y escuchan los del círculo exterior.

A una palmada del educador/a, deben rotar los del círculo interior una posición hacia la derecha, y hablar con el siguiente niño/a del círculo externo, y así sucesivamente hasta que todos hablen con todos. Una vez que esto suceda, se cambian los del círculo interior con los del círculo exterior, de tal forma que los que antes escuchaban, ahora hablan, y así hasta que acabe la rueda. Esta rueda irá variando cada cierto tiempo, tanto en la colocación del alumnado como en el tema de conversación.

12. Dibuja el final del cuento.

Contamos un pequeño cuento, bien de forma narrativa, o con apoyo de imágenes. Pero no contamos el final, ya que cada niño/a debe dibujar la escena final del cuento y luego explicarla. Decimos que el final debe ser positivo y bueno.

Es una excelente actividad para entrenar su creatividad, su expresividad gráfica y su pensamiento consecuencial.

13. Nuestro/a héroe solidario/a de la clase.

Vamos a crear y dibujar un personaje a modo de *héroe solidario*, que contenga cualidades o poderes relacionados con ser un buen compañero/a o amigo/a.

Tenemos que ponerle nombre, crearle un disfraz, etc. También podemos crear alguna historia o role-playing con el mismo. Previamente a la actividad conviene mostrar ejemplos de héroes (hombres y mujeres) de cuentos que se caracterizan por sus valores prosociales y solidarios, para sacar de ahí las ideas y virtudes de nuestro héroe solidario/a.

14. La mascota del valor del mes.

Cada mes y medio aproximadamente trabajaremos un valor o virtud importante, y asociaremos el mismo a una mascota o bicho que represente dicho valor, identificando sus comportamientos concretos y cualidades.

Durante ese mes y medio, todos tendremos que tratar de ser como esa mascota en el cole, en casa y con los amigos. Al final de curso, podremos hacer una exposición o representación con las 6 mascotas (2 mascotas por trimestre), hacer un dado con ellas y jugar según lo que te toque, adivinanzas, etc.

15. Mi autorretrato cultural.

Cada niño/a dibujará, con ayuda de su familia, un autorretrato que luego explicará a los demás. En dicho autorretrato debe incorporar elementos de su cultura o país, así como gustos o aficiones.

Haremos una exposición final con todos los auto-retratos culturales, estudiando en qué nos parecemos y en qué nos diferenciamos, con el objetivo siempre de *valorar positivamente la diversidad* que nos enriquece culturalmente.

16. Decimos sí y decimos no.

Preparamos una serie de frases sobre "invitaciones" que nos pueden hacer a hacer algo, y tras leer cada frase el educador/a, los alumnos/as han de decir si dirían SI o dirían NO a esa invitación:

¿Te vienes a saltar un muro?
¿Quedamos para jugar después de las tareas?
¿Nos vamos con los patinetes a bajar una escalera?
¿Gastamos una broma a la profesora?
¿Les quitamos la pelota a otros niños?
¿Pintamos en la pared?
¿Hacemos un dibujo a un amigo/a por su cumpleaños?
¿Me haces mis tareas?
¿Escribimos una poesía para la clase?
¿Leemos un libro juntos?

Podemos añadir más frases. Con este ejercicio, además de la atención, trabajamos la asertividad, esa capacidad para tener criterio propio sin dejarse influir por los demás.

17. Equipo de talentos al servicio de los demás.

Agrupamos a los niños y niñas por equipos de 5 personas. Una vez que están agrupados, les decimos que *identifiquen los cinco talentos de su equipo*, es decir, aquella cualidad o habilidad especial en la que destaca cada uno de sus integrantes.

Una vez que las tengan identificadas, deben ahora ser creativos para idear el objetivo de su equipo: *¿Para qué* *podríamos servir como equipo uniendo todos estos talentos o combinándolos de forma creativa?*

Es importante señalar que deben darse dos condiciones necesarias:

1. *Todos tenemos algo en lo que destacamos y somos hábiles*, por lo que tienen que contemplarse los 5 talentos de los integrantes.
2. *Los cinco talentos deben estar presentes en el objetivo compartido* del equipo, en su utilidad creativa al servicio de los demás.

Al finalizar el trabajo por equipos podemos hacer una puesta en común de los objetivos de todos los equipos, y valorar el que nos ha parecido más original y útil a los demás o a la sociedad.

18. Protegiendo al pollito.

En el centro de la sala o zona de actividad (puede ser exterior) pondremos dos huevos frescos, con una distancia de un metro entre ellos aproximadamente.

Sobre uno de los huevos dejaremos caer una piedra o ladrillo, y observaremos lo que pasa. Al otro huevo lo protegeremos con un casco de protección infantil, y de nuevo dejaremos caer la piedra o el ladrillo.

A partir de aquí haremos un "compara y contrasta" de las dos situaciones: ¿Qué ha ocurrido? ¿Qué pollito hubiera nacido de ser incubado por la gallina? ¿Y si el huevo es nuestra cabeza? ¿Es importante llevar puesto el casco?

Podemos incluso iniciar un cuento cooperativo: "Érase una vez dos pollitos que iban en patinete, uno con casco y otro sin casco...".

19. Investigación ilustrada de gestos de manos.

Vamos a proponer a los niños y niñas, por equipos, que hagan una investigación en cuentos con ilustraciones que tengamos a mano, de personajes con diferentes gestos de las manos. Cada equipo investigará un cuento.

Algunas preguntas para responder: ¿Qué significan los gestos de manos que hemos visto? ¿Son coherentes con lo que expresan o hacen esos personajes? ¿Cuántas manos que ayudan, construyen o cuidan de algo o alguien hemos visto?

Cada equipo mostrará a los demás el resultado de su investigación.

20. Las manos que construyen y trabajan.

Haremos *una lista con todos los oficios y trabajos que conozcamos*. Una vez que tenemos la lista iremos oficio por oficio / trabajo por trabajo, hablando de cómo y para qué se utilizan las manos en ese oficio y trabajo, así como los *gestos característicos con las manos de una persona que desempeña ese oficio* o trabajo.

Más tarde, también podemos *jugar a las adivinanzas* con los niños y niñas: sale un voluntario/a al centro, le comunicamos en voz baja, sin que lo oigan o lean los demás, un oficio o trabajo, y tiene que representarlo con las manos. Quien lo adivine primero, sale a representar el siguiente, y así sucesivamente.

21. El jardín de los buenos pensamientos.

Vamos a proponer a los niños y niñas hacer *en un mural un jardín de los buenos pensamientos*, de tal forma que cada niño/a dibujará una flor que represente y exprese su mejor pensamiento hacia los demás, hacia el mundo, hacia la escuela, hacia sus padres... Le pondrá un nombre a esa flor y luego nos explicará que hará para "cuidar ese pensamiento", regarlo y abonarlo como si fuera una preciada flor. Para animar la actividad les podemos contar que en realidad hay una flor que se llama "pensamiento".

Podemos luego reflexionar con ellos acerca de cuando se marchitan nuestros pensamientos, qué causas contribuyen a que se sequen estas flores, o incluso si en los jardines de buenos pensamientos hay, por ejemplo, malas hierbas o plantas invasivas de malos pensamientos. ¿Qué hacemos para limpiar esas malas hierbas de vez en cuando?

22. Los sonidos de la paz.

¿Qué sonidos nos ayudan a tener paz, a relajarnos y estar tranquilos? ¿Qué sonidos producen en nosotros irritación, malhumor y malestar? Se trata de hacer con los niños y niñas dos listas de sonidos:

a) *Una lista de los que nos relajan y producen bienestar,* como el sonido de las olas del mar, el sonido del agua de un río, el sonido del viento, el sonido de los pájaros, el canto suave, el canto gregoriano o coral...

b) *Otra lista de los sonidos que nos irritan, enojan, nos ponen nerviosos/as,* como el ruido de la ciudad, los sonidos de los golpes, los gritos excesivos, los ruidos chirriantes, etc.

Una vez que tenemos las dos listas, ahora la pregunta para debatir y ponerse en práctica es: ¿Qué podemos hacer para procurarnos sonidos agradables y evitar los sonidos más desagradables? ¿Nosotros provocamos sonidos desagradables sin darnos cuenta? ¿Qué sonidos agradables y desagradables encontramos a nuestro alrededor, en el colegio, en el barrio?

Con los diferentes instrumentos de percusión escolar, y otros que nos inventemos incluso, podemos hacer, por equipos, *una composición instrumental que genere paz y bienestar en los demás*, y ponerle un título. Las composiciones tienen que durar 1 minuto, y una vez las tengan las podemos exponer e incluso grabar.

Podríamos incluso explorar un poco el territorio cercano y hacer un listado de "lugares de paz": ¿Cuáles son los lugares que nos transmiten paz y tranquilidad en nuestro entorno más cercano?

23. Si la paz fuese... entonces...

Una forma interesante de *trabajar con los niños y niñas su imaginación para integrar diferentes formas e instrumentos de paz*, es plantear la frase *"Si la paz fuese... entonces..."* y aplicarla a varios objetos y experiencias familiares para ellos. Propongo hacerlo con los 12 siguientes, si bien conviene añadir o inventarse más. Si la paz fuese:

- Una pelota...
- Un juego...
- Mis dos manos...
- Un tren...
- Un camino...
- Una fiesta...
- Un lugar...
- Un instrumento musical...

- Una canción...
- Una persona...
- Una caja misteriosa...
- Un regalo...

24. Si yo fuera... en este lugar... me gustaría que...

Vamos a hacer dos tarjetas de funciones para jugar con un dado a charlar sobre sensibilidad ecológica. Los objetos que vamos a poner en las funciones de la tarjeta "Si yo fuera..." (los podemos cambiar por otros, según veamos conveniente) y los que vamos a poner en las funciones de "En este lugar..." (que también podemos modificar por lugares siempre más familiares y contextualizados para los niños y niñas) serán los siguientes:

Nº dado	Si yo fuera	En este lugar...
1	Una bolsa de plástico	Un vertedero
2	Una flor	Un río
3	Una botella de cristal	El patio de un colegio
4	Una pila / batería gastada	Un parque
5	Un viejo abrigo	Una papelera
6	Un gatito de pocos meses	Un centro comercial

En la primera tirada del dado se selecciona objeto "si yo fuera" y en la segunda tirada del dado se selecciona "lugar". De este modo, quien le toque debe contar a los demás lo que le gustaría que le pasara.

Con este juego estamos trabajando la "empatía" con la Tierra, con el mundo y su cuidado, al ponernos en el lugar de los objetos o seres vivos.

25. Nuestro corazón de Navidad.

En Navidad hay muchos símbolos, que vienen de muchas tradiciones, como el árbol, los adornos y guirnaldas, la nieve, las estrellas ... pero, hay un símbolo al que prestamos poca atención: el corazón.

En Navidad, nuestro corazón (emociones, sentimientos, afectos) se conmueve especialmente y se acentúan nuestros sentimientos de bondad, cariño, comprensión, nuestras ganas de ayudar.

Bueno, pues vamos a hacer nuestro Corazón de Navidad: lo vamos a adornar, ponemos mensajes en el mismo, símbolos que expresen que es un corazón abierto, acogedor, renovado, entregado a los demás, que sabe desprenderse de lo que le estorba para amar a los demás, etc.

26. El barco de papel de mi enfado que se convirtió en paloma y se alejó volando.

Este es un ejercicio de visualización con los ojos cerrados. Vamos a invitar a todos los niños y niñas a cerrar los ojos, y a estar sentados en una buena postura tipo yoga, con la espalda erguida y las piernas cruzadas. Cada cual estará sentado en su esterilla o cojín. Conviene que para esta actividad, así como la actividad de relajación, tengan cada uno una esterilla de gimnasia o pilates.

Ponemos una música relajante que incluya sonido de olas de mar (buscar en YouTube, hay varios vídeos con este tipo de música), les invitamos a tomar conciencia de su respiración, a estar relajados, con los ojos cerrados y en silencio mientras escuchan lo que les vamos a decir. Lo haremos con la voz muy suave y hablando muy despacio, con silencios largos entre las frases:

"Te has sentado frente al mar ... puedes sentir el viento acariciando tu cara, el sonido de las olas, las gaviotas a lo lejos ... has venido aquí porque has tenido un gran enfado y necesitabas estar un rato en soledad ... ya se te ha pasado, pero tienes en tus manos un papel donde has apuntado todo lo malo que has dicho y has pensado durante tu enfado ... y quieres deshacerte de esos pensamientos y palabras que te inquietan para que no vuelvan ... entonces te pones a hacer con tu hoja un barco de papel para en ponerlo sobre el agua y que se vaya mar adentro ... y así es, lo pones sobre el agua con suavidad y ves cómo el barco de papel que tiene anotados tus malos pensamientos se va alejando de la orilla, y tú cada vez te sientes mejor ... y más aún cuando ves a lo lejos que el barco se convierte en una paloma y levanta el vuelo hasta perderse en el horizonte... Ahora te toca levantarte a ti poco a poco, y volver a tu vida renovada, sin enfado y sin malos pensamientos ni malas palabras. Ya puedes abrir los ojos..."

Tras la visualización, comentamos con los niños y niñas cómo se han sentido, y también si han podido centrarse en la actividad o les ha costado. Es normal que les cueste si no tienen experiencia en relajarse, no pasa nada, es cuestión de entrenamiento, vivimos en una sociedad que nos empuja más a la hiperactividad compulsiva que a saber relajarnos y disfrutar de contemplar algo bello con todos sus detalles.

27. Dibujamos la música.

Una forma muy eficaz de tranquilizarnos y relajarnos es pintar en una hoja en blanco, de forma libre y como queramos, lo que nos sugiere la música que estamos escuchando. Conviene que sea música clásica y que tengamos diversas obras conocidas de Bach, Vivaldi, Beethoven, Purcell, Verdi, etc.

Ponemos la música, y en silencio invitamos a cada cual a pintar, con los colores y la técnica que desee, la música que está escuchando, lo que le sugiera y sienta en ese momento.

Más tarde podemos explicar y compartir lo que hemos pintado, o hacer una pequeña exposición tipo collage uniendo todas las obras artísticas, que se titule como el título de la obra musical que hemos escuchado. Si hacemos varias, luego podremos comparar como, por ejemplo, músicas alegres o melancólicas, más lentas o más rápidas, nos hacen escoger y expresar un tipo u otro de colores, un tipo u otro de formas, etc.

28. Las palabras tirita para las heridas psicológicas.

Vamos a fabricar 14 tiritas de papel grandes con las 14 palabras del estribillo de la canción "El botiquín de palabras bonitas" (buscarla en YouTube – proyecto Emoticantos) escritas cada una en el dibujo de una de las tiritas:

SONREIR, ESCUCHAR, COMPARTIR, ANIMAR, SERVIR, AYUDAR, COLABORAR, CONVIVIR, APOYAR, SOSTENER, ABRAZAR, COMPRENDER, RESPETAR, CUIDAR.

Repartiremos todas las tiritas con su palabra a los niños y niñas, agrupados de dos en dos, de tres en tres, cuatro, según el número de niños/as que tengamos.

Cada equipo debe analizar su tirita y decir para qué tipo de heridas psicológicas sirve, es decir, a quién le pondrían esa palabra tirita para ayudarle porque se encuentra mal, triste, desanimado, etc.

Luego haremos una puesta en común y podemos hacer un cartel grande con todas las tiritas y sus utilidades.

29. Mi mamá y mi papá están felices cuando yo…

Existen en la actualidad muchos libros y manuales sobre los niños felices, la educación en la felicidad, pero pocas veces se cae en la cuenta de la felicidad de las madres y los padres, que también es importante y necesaria. ¿Qué hace felices a los padres y madres? ¿Los hijos e hijas pueden hacer felices a sus padres? ¿Hacer felices a los padres y madres es motivo de felicidad infantil? Yo creo y afirmo que sí. Bien , pues vamos a ponernos manos a la obra, tan sencillo como hacer una lista de cosas que hacen a nuestros padres y madres felices, y luego las llevamos a la práctica.

Podemos hacer el juego dando la palabra libremente a los niños y niñas, o bien utilizando algún tipo de símbolo para centrar la atención y llevar un cierto orden, como una pelota amarilla con una sonrisa pintada o serigrafiada: será nuestra pelota de las ideas geniales para hacer felices a nuestra madre y nuestro padre.

Conviene ir ayudando a los niños y niñas a *aterrizar sus ideas en comportamientos concretos y cotidianos* que puedan hacer. Si dicen "cuando me porto bien…", entonces podemos preguntar ¿Qué significa portarse bien en realidad, en qué se concreta o manifiesta?

Puede ocurrir el caso de que algún niño/a no viva con sus padres, o haya perdido a alguno de ellos, incluso a los dos. Le diremos (antes de la actividad y a parte) que su padre o madre estarán igualmente felices y orgullosos de ellos allá donde estén (en el cielo, en otro país, en otra casa, o incluso privados de libertad …) si se comportan haciendo felices a los que están a su alrededor.

30. Nuestra madre / padre ¿diría SÍ o diría NO?

Preparamos una serie de frases sobre "invitaciones" que nos pueden hacer a hacer algo, y tras leer cada frase el educador/a, los niños y niñas han de decir si sus madres dirían SI o dirían NO a esa invitación y por qué, dar las razones que darían nuestras madres:

¿Te vienes a saltar un muro?
¿Quedamos para jugar después de las tareas?
¿Nos vamos con los patinetes a bajar una escalera?
¿Gastamos una broma a la profesora?
¿Les quitamos la pelota a otros niños?
¿Pintamos en la pared?
¿Hacemos un dibujo a un amigo/a por su cumpleaños?
¿Me haces mis tareas?
¿Escribimos una poesía para la clase?
¿Leemos un libro juntos?

Podemos añadir más frases que creamos convenientes. Con este ejercicio trabajamos la *asertividad vicaria desde la figura de nuestra madre o padre*, que tiene criterio para valorar si determinadas invitaciones son convenientes o no para nosotros, y desde ahí nos enseñan y nos orientan esa capacidad para tener criterio propio sin dejarse influir por los demás.

Actividades para niñas y niños de 6 a 11 años.

31. La nueva compañera imaginaria.

Nos llevamos una muñeca al aula y nos ponemos todos sentados en círculo. Entonces el educador inicia una historia con la muñeca: «Hola, soy María, acabo de llegar al colegio, vengo de un país lejano del que hemos tenido que huir toda la familia por la guerra. Hemos hecho un largo viaje y por fin estamos aquí. Me siento triste porque no tengo amigos...»

A partir de aquí, pasa la muñeca a la persona de su derecha para que continúe esta historia, y así todos. Es importante que cada cual hable como si fuera María.

Al final podemos reflexionar sobre nuestra acogida, empatía con María, si hemos sido optimistas o pesimistas con la historia, y si conocemos historias similares de niños/as refugiados.

32. Tejiendo la RED de la amistad.

Nos pondremos en círculo y usaremos un ovillo de lana para enlazarnos unos a otros. Para ello debemos sabernos bien los nombres de todos los compañeros/as.
Uno de los alumnos/as tomará el ovillo sujetando el extremo de lana con la mano y lo lanzará a otro/a del grupo diciendo "yo Y me enlazo con X porque (y dice algo positivo para esa persona)". La persona X, toma ahora el ovillo y lo lanza a otro compañero/a con la misma fórmula, y así sucesivamente hasta que estamos todos/as enlazados.

A continuación, nos planteamos ser "los embajadores/as de la amistad" tratando de llevar lo que hemos aprendido con el juego (enlazarnos con mensajes y deseos positivos) a nuestras familias y amigos/as de fuera del colegio.

33. El botiquín de las "palabras tirita" para curar la tristeza y el dolor.

Haremos un botiquín de cartón, que llenaremos de palabras que curan: palabras amables, cariñosas, que nos gusta que nos las digan...

Cada vez que alguien esté triste o se sienta mal, cogeremos una palabra del botiquín y se la regalaremos.

También podemos ver historias de personas que sienten tristeza o dolor, y explorar nuestro botiquín a ver qué palabra sería la más adecuada para curarlo.

34. ¿Cuál es el color más necesario y por qué?

Los alumnos/as, en varios equipos de trabajo deben debatir acerca de cuál es el color más necesario, de toda la gama de colores básicos, y deben justificar su elección con varios argumentos.

Tras esos debates y elecciones de color en los pequeños grupos, entre todos llegaremos a un acuerdo acerca del color más necesario. Al final subrayaremos que lo importante de la actividad no es tanto tener razón acerca del color más necesario, sino *poder y saber ponernos de acuerdo* desde unos criterios compartidos por todos.

35. Nuestro libro de los juegos tradicionales.

Cada alumno/a ha de informarse de un juego tradicional de su país o región, y explicarlo a los demás, enseñándoles además a jugar al mismo. Para ello deberá indagar en su familia y otras fuentes si fuera necesario.

Con todos los juegos *elaboraremos un libro o fichero-archivador de juegos tradicionales e interculturales*. Conviene comparar estos juegos con los que tenemos ahora, ver las semejanzas y diferencias y hacernos algunas preguntas: ¿Con cuáles nos movemos más y con cuáles estamos sentados en un sillón? ¿Cuánto tiempo dedicamos a unos y a otros? ¿Con cuántos niños/as jugamos de verdad de forma real, no virtual? ¿Qué valores representan los juegos tradicionales y qué valores representan los juegos actuales?

36. Dibupoemas.

A cada grupo-equipo de alumnos/as, se les asignará un poema, buscando variedad en los autores y países de los mismos, así como temática de valores en los poemas. De cada poema, han de hacer un "dibupoema", es decir, una cartulina en la que mezclan dibujos y palabras, tipo pictogramas.

Con todos los pictogramas haremos una exposición, o bien una lectura y presentación de los poemas a los alumnos/as de educación infantil. Conviene que no sean poemas muy largos, con una extensión entre tres y cuatro estrofas máximo.

37. Sembradores de ALEGRÍA.

Para ser "Sembradores de Alegría" en nuestro colegio y en nuestras hogares y familias utilizaremos pegatinas redondas amarillas, del tamaño de una moneda aproximadamente, con un emoticono sonriente, o bien podemos comprar gomets amarillos y pintar las sonrisas con un rotulador permanente. Ahora en las tiendas de oficina tipo gran superficie venden este tipo de pegatinas.

El momento del "pegado" del emoticono, debe ir precedido de un gesto que nos inventemos (por ejemplo, un abrazo) y de una frase tipo eslogan que rime con la palabra alegría, por ejemplo:

"Que tengas un feliz día, te lo digo con alegría"

38. Tu papel es importante.

Los alumnos/as, organizados en equipos de trabajo, harán un *decálogo sobre el ahorro de papel y su uso responsable* en el colegio (cuadernos, reciclado, etc.).

Previamente reflexionarán y comprenderán el proceso de producción del papel a partir de las fibras de madera de los árboles, el papel ecológico que no contamina, etc. Al final, entre toda la clase, nos quedaremos con un decálogo definitivo con las mejores ideas, para difundirlo a todo el colegio y el barrio.

39. Los derechos y deberes del estudiante.

Vamos a pensar en las normas básicas de convivencia del colegio: estas normas son "deberes" para comportarnos de una determinada manera, porque con ello vamos a garantizar y disfrutar de unos "derechos". Es importante que caigan en la cuenta de que los derechos implican siempre deberes.

A continuación damos a cada niño/a una lista con 10 derechos básicos del estudiante, que implican unos deberes ¿Cuáles son? Deben completar en su cuaderno:

- *Si tengo derecho a aprender bien en clase, entonces yo debo...*
- *Si tengo derecho a que se me escuche, entonces yo debo...*

- *Si tengo derecho a preguntar algo que no entiendo, entonces yo debo...*
- *Si tengo derecho a que me respeten mis compañeros/as, entonces yo debo...*
- *Si tengo derecho a que me ayuden, entonces yo debo...*
- *Si tengo derecho a un plato de comida en la mesa, entonces yo debo...*
- *Si tengo derecho a que me hablen bien, entonces yo debo...*
- *Si tengo derecho a participar en un debate, entonces yo debo...*
- *Si tengo derecho a una clase limpia y ordenada, entonces yo debo...*
- *Si tengo derecho a un colegio alegre y feliz, entonces yo debo...*

40. El corazón enjaulado.

Se trata de contar entre todos un cuento cooperativo, a partir del inicio de esta narración que dice así:

"Érase un corazón domesticado que vivía dentro de una jaula, como si fuera un pájaro y sin poder volar libre..."

Utilizaremos un cuaderno grande con las páginas en blanco, en la primera página pondremos el texto anterior, y ese libro-cuento irá rotando cada día por el hogar de cada uno de los alumnos del aula, de modo que en cada hogar, cada familia ha de escribir una página del cuento junto con una ilustración-dibujo. La última familia en escribir la última página, deberá finalizar el cuento. Una vez hayamos terminado, leeremos todos el cuento en clase.

Como reflexión final, podemos hacernos la siguiente pregunta: ¿Cómo ser cada uno de nosotros/as una llave para liberar a los corazones enjaulados?

41. El verdadero amigo invisible.

El verdadero amigo invisible es el que se preocupa por nosotros sin que lo sepamos, el que nos ayuda sin llevar cuenta de las veces que nos ayuda, el que nos hace la vida más agradable, el que de repente nos da una agradable sorpresa.

Repartiremos en secreto los nombres de todos en papeletas, entre todos, cogiéndolas de una bolsa o caja. Si a alguien le toca su propio nombre, vuelve a echar la papeleta a la bolsa y saca otra.

La misión del "amigo invisible" será, durante una semana, ayudar, compartir, escuchar, animar, al que le ha tocado, pero procurando que no se note, y que no le descubran.

El último día de la semana, haremos una asamblea sobre esta actividad, y cada cual tratará de adivinar quién ha sido su amigo invisible.

42. Teatro leído.

Buscamos fragmentos de obras de teatro, o bien obras de teatro breve de un único acto, donde aparezcan entre 3 y 5 personajes, y en grupos cooperativos, leemos las mismas asignando un personaje a cada uno.

Conviene que sean de temática social, con valores. Cada cual debe tratar de meterse en su personaje e interpretarlo lo mejor posible.

Al final de la lectura, deben entre todos/as hacer un resumen de la trama, o si es un fragmento incompleto, imaginar cómo acaba la obra. Tendrán que hacerlo escuchándose y respetando el turno, como ha ocurrido en la lectura de la obra.

Al final podemos evaluar con una rúbrica en qué medida nos hemos escuchado y hemos respetado los turnos de palabra.

43. La fiesta de cumpleaños justa y sostenible.

¿Cómo sería una fiesta de cumpleaños justa, sostenible y saludable? Deben planificarla por equipos y entregar esta planificación al educador/a para su valoración. En dicha planificación han de tener en cuenta lo siguiente:

- Alimentación saludable, ecológica y justa, sin despilfarrar.
- Regalos también ecológicos y responsables.
- Tipo de actividades que se harán en la fiesta, juegos de chicos y chicas que no discriminen.
- Personas invitadas a la fiesta.
- Tipo de lugar o local donde se hará la fiesta.

Conviene iniciarles previamente en el Comercio Justo y Responsable (comida, regalos, tipo de local o sitio...), así como en la toma de conciencia de lo que solemos despilfarrar en las fiestas de cumpleaños (fase de experiencia y reflexión).

44. Historia de una bufanda en Navidad

Vamos a crear una historia sobre una bufanda en Navidad. Nos pondremos todos en círculo. La historia la comenzará el profesor/a y una bufanda en su mano: *"Érase una vez una bufanda que estaba muy triste porque la habían tirado a un contenedor de ropa vieja. Era Nochebuena, lloraba desconsoladamente y se decía a sí misma: -Con la cantidad de personas a las que he ayudado, y tengo que terminar así, en un contenedor junto a un abrigo apolillado-...*

A continuación el profesor/a pasa la bufanda al siguiente alumno/a, que tiene que continuar con la historia, y así sucesivamente todos los alumnos/as, a razón de 1 minuto cada uno más o menos. El último que le toque, debe acabar la historia.

Luego podemos reflexionar sobre la historia que hemos contado y lo que representa. El profesor/a puede hacer estas preguntas y otras en función de cómo transcurra el cuento cooperativo

- ¿Qué significa ser bufanda para otros?
- ¿Cómo te sentirías si te dejan en un sitio cuando eres viejo/a y te dicen que ya no sirves para nada?

45. El muro de la solidaridad.

A partir de una noticia-hecho de injusticia o catástrofe, crearemos un muro de la solidaridad en el aula con un lienzo de papel continuo blanco, en el que cada alumno/a escribirá o dibujará, o pegará mensajes de apoyo y solidaridad.

Puede estar de forma estable hasta que el muro se llene, y con varios muros de varias clases puede hacerse una exposición o performance en un día especial del centro educativo consistente en derribar los muros que nos separan de los otros.

46. En busca del TAS (talento artístico social).

Los alumnos/as deberán hacer un trabajo de búsqueda y explicación posterior de un artista (pintura, música, poesía, danza, escultura) que exprese un mensaje claramente social y comprometido en una de sus obras. Se debe explicar la obra, la razón de la misma y el mensaje transmitido.

Esta actividad es muy interesante para que a medida que los niños/as vayan descubriendo su talento, tengan esa visión y sensibilidad para orientarlo socialmente hacia los demás.

47. Cucharilla, cuchara y cucharón.

Tomando como símil la capacidad que contiene una cucharilla, una cuchara y un cucharón, vamos a hablar de la capacidad de nuestra ayuda hacia los demás. Podemos traer a clase una cucharilla, una cuchara y un cucharón, y también un kilo de arroz, y hacer un sencillo experimento:

Sacaremos a tres alumnos/as voluntarios, a uno daremos la cucharilla, a otro la cuchara y a otro el cucharón. Cada cual ha de coger 10 cucharadas de arroz y echarlas en un plato de plástico.

Preguntas para la reflexión: ¿qué ha pasado? ¿Qué plato está más lleno? ¿Cuál más vacío? ¿Por qué? A partir de aquí ¿Cómo es nuestra ayuda? ¿Es cucharilla, cuchara o cucharón? ¿Y nuestro compromiso con los demás? ¿Qué es un compromiso cucharilla, cuchara y cucharón?

También podemos crear con los alumnos/as la historia de cucharilla, cuchara y cucharón, hay muchas posibilidades si le echamos imaginación docente.

48. Utopías colectivas.

Agrupados por equipos, deben escribir entre todos/as un breve cuento-narración acerca del mundo o la ciudad, o la escuela que les gustaría tener dentro de 10 años. Lo haremos mediante un folio o cuaderno giratorio, en el que todos iremos escribiendo y dibujando.

Previamente hay que trabajar en la fase de experiencia y reflexión, las cosas que no nos gustan del mundo o de nuestro entorno, así como las claves de lo que es la "vida buena" o "buen vivir", la sostenibilidad, justicia, paz, etc.

49. Los buenos samaritanos hoy.

Tras el conocimiento y lectura de la Parábola del Buen Samaritano, los alumnos deben buscar hechos o proyectos similares de personas o instituciones que actúan como el Buen Samaritano siguiendo más o menos su secuencia de 6 pasos, es decir: (1) ven al otro, (2) sienten compasión por él, (3) se acercan y aproximan, (4) le ayudan o curan, (5) se encargan de él y (6) lo llevan a algún sitio o crean una red de ayuda, implican a otros.

Podemos elaborar un esquema-itinerario de las seis etapas con 6 huellas de pie humano, en las que iremos identificando esos hechos o proyectos actuales.

Tras la actividad, incluso nos podemos plantear la pregunta ¿Y nosotros, podemos hacer algo para ayudar a los demás desde estas seis huellas, un proyecto tal vez?

También podemos asignar a cada uno de los seis números de un dado una de las seis huellas del *Buen Samaritano*. Primero haremos entre todos una *lista con situaciones de necesidad humana* cercanas a los niños/as, que conozcan y sean habituales en sus contextos de colegio, familia y amigos/as. Podemos formular la tarea de la siguiente manera: "Vamos a hacer una lista con los 10 problemas más habituales que solemos tener los niños y niñas, problemas que hacen que lo pasemos mal y estemos necesitados de que alguien nos ayude".

Una vez que tenemos la lista anotada y visibles para todos, vamos viendo necesidad por necesidad, lanzamos el dado (o bien por turnos, o bien para comentar entre todos), y en función del número que salga, haremos lo siguiente:

Nº	Explicar a los compañeros y compañeras
1	MIRAR: ¿Cómo nos damos cuenta que alguien está así? ¿Dónde suele estar? ¿Cómo manifiesta su problema?
2	SENTIR: ¿Cómo crees que se siente alguien que está así? ¿Qué sientes tú cuando ves o conoces a alguien que le pasa eso? ¿Te ha ocurrido alguna vez?
3	ACERCARSE: ¿Cómo podemos acercarnos a alguien que está así? ¿Qué dificultades tenemos para acercarnos? ¿Qué hacer y decir?
4	AYUDAR: ¿Cómo podemos ayudar a los que están así? ¿Los demás les suelen ayudar? ¿Qué hace falta saber y saber hacer?
5	IMPLICARSE-ENLAZAR: ¿Qué hacer después de ayudar para que no vuelva a suceder? ¿Cómo devolverle la alegría al compañero/a y hacer que se le olvide el problema?
6	RED COMUNITARIA: ¿Qué podemos hacer nosotros, como grupo, para ayudar a la gente que tiene esta necesidad o sufrimiento? ¿Podemos establecer algún sistema o mecanismo organizado de ayuda para cuando alguien esté así o le pase ese problema?

50. La receta de la amistad.

Por grupos vamos a idear una receta para hacer una buena amistad, utilizando el mismo lenguaje que se utiliza para preparar y cocinar algún alimento. Hay que tener en cuenta los ingredientes necesarios para hacer una buena amistad.

- Qué pasos hay que dar.

- Cómo nos presentamos ante otro, ya que la presentación también cuenta.
- ¿Qué significa cocinar algo a fuego lento en el corazón?
- ¿Qué significa la SAL de la vida? ¿Qué pasa cuando somos unos sosos/as?
- ¿Qué tipo de hambre satisface esta receta?
- ¿Es la amistad un alimento importante?

Todas las recetas se dibujarán en una hoja o mural y se presentarán en clase. En la presentación nos podemos poner un gorro de cocinero/a y hasta un delantal. Un jurado puede premiar la mejor receta de la amistad.

51. Chalecos de la alegría.

Tendremos en cada aula tres chalecos con un emoticono feliz pintado o serigrafiado en la espalda. Cada día habrá tres guardianes de la alegría en los recreos del colegio, que se pondrán esos tres chalecos, bien para defender la alegría, bien para salvaguardar y fomentar la alegría.

Podemos incluso entre toda la clase, elaborar un manual de instrucciones de ese chaleco para usarlo más eficazmente. Los tres chalecos irán rotando por toda la clase, de tal forma que todos/as asumirán el rol en algún momento.

52. Un mundo sin violencia.

Cada alumno/a ha de elaborar una creación artística en cualquier modalidad que exprese un mundo sin violencia: pintura, fotografía, vídeo, escultura, danza, poesía, canción...

Con todas las creaciones haremos una exposición en el colegio o en algún centro social o cívico del barrio.

53. El mercadillo de los talentos.

Cada cual escribirá en un papel o pos-it algo que sepa hacer muy bien, alguna habilidad como atarse los cordones, hacer lazos, aviones de papel...

Pondremos todas nuestras habilidades en un panel llamado "Mercadillo de los Talentos", y cada uno identificará dos o tres cosas que necesita / le gustaría aprender y no sabe.

Nos organizaremos, con la ayuda del profesor/a, en grupos de 3 de tal modo que cada uno enseñará su talento a los otros dos del grupo.

De esta manera aprenderemos dos cosas nuevas al tiempo que enseñamos a hacer algo a dos amigos/as que antes no sabían.

54. Masajes de corazón a corazón.

En el mercadillo del colegio vamos a hacer un puesto de "Masajes de manos gratis". Haremos los masajes con crema hidratante. El único requisito para darse un masaje es que la persona que lo reciba debe transmitir esa ayuda recibida a otra persona que necesite ayuda. Se le entregará tras el masaje una tarjeta con ideas y sugerencias: escucha a alguien, implícate en una causa, perdona a alguien, reconcíliate con alguien, etc.

- Tendremos dispuestas sillas para sentarse, una mesa por medio entre masajistas y clientes, una música agradable y toallas.
- Habrá que hacer los carteles, prepararlo todo, conseguir las cremas (cada familia puede traer un bote).

- Trataremos los días previos de lograr que un profesional (padre o madre del colegio, amigo/a de algún profesor) del masaje o fisioterapeuta, venga y nos cuente cómo hacer un masaje en las manos.
- Puede ser una actividad muy bonita, sobre todo para los abuelos/as.

55. Emprendedores sociales del siglo XXI.

Los alumnos/as organizados en equipos de trabajo han de buscar a un emprendedor social del siglo XXI, hombre o mujer, que se caracterice por su lucha contra la injusticia social, la pobreza, la violencia, etc.

Del mismo han de hacer un cartel o mural, que tras la actividad y la exposición en el aula, formará parte de una exposición en el colegio. Como ejemplos actuales podríamos tener los siguientes: Malala, Masoud Hassanni, Greta Thunberg.

56. El porfolio de mi biografía.

Cada cual debe elaborar, con la ayuda de su familia, un porfolio (carpeta) de su biografía personal, indicando en el mismo los momentos clave, los acontecimientos, fechas señaladas, un árbol genealógico, etc. Puede incluir fotos y otro tipo de materiales.

En algún momento, y si lo considera el educador/a, los alumnos/as pueden compartir sus porfolios agrupados en parejas. El educador/a ha de tener en cuenta en esta actividad a aquellos alumnos/as que tengan una biografía difícil debido a problemáticas sociales, o bien en el caso de niños/as adoptados/as.

57. Manos llenas de nombres.

Elaboramos un mural con las manos silueteadas de todos los alumnos/as de la clase, en las que además escribiremos *los nombres de todas las personas a las que hemos ayudado durante el curso* académico, tanto dentro como fuera del colegio.

Como experiencia previa, podríamos partir de la frase siguiente de Pedro Casaldáliga: "Al final de mi camino me preguntarán: ¿Has amado? Entonces yo abriré mi corazón y estará lleno de nombres". Nosotros cambiaremos la palabra corazón por la palabra manos, si bien les diremos, que al final las manos pueden (y deben) estar también movidas por el corazón, por nuestros mejores sentimientos hacia los demás.

58. Las claves de los equipos de éxito y talento.

A cada grupo de alumnos/as se les asignará que investiguen las claves de un equipo deportivo de éxito y talento reconocido, buscando información, incluso con ayuda de su familia, o entrevistando directamente a ese equipo si es local.

Hay muchos tipos de deportes, por ello conviene que analicen equipos deportivos más allá de los deportes de masas, como el fútbol. Pueden perfectamente analizar un equipo de algún deporte tradicional de su entorno.

También tener en cuenta el tema del género: no analizar sólo equipos masculinos, o incluso buscar deportes de equipos mixtos.

Al final, entre toda la clase, haremos un decálogo con las claves de los equipos de éxito y talento, y nos lo aplicaremos como equipo de aula.

59. Descubriendo los contrarios: piedras y caricias.

Vamos a trabajar sobre el siguiente fragmento de una conocida oración franciscana, un poco adaptado para los niños y niñas:

¡Yo quiero ser un instrumento de tu paz!
Que allí donde haya *odio*, ponga yo **amor**;
donde haya *ofensa*, ponga yo **perdón**;
donde haya *discordia*, ponga yo **unión**;
donde haya *error*, ponga yo **verdad**;
donde haya *egoísmo*, ponga yo **generosidad**;
donde haya *enfado*, ponga yo **calma**;
donde haya *pesimismo*, ponga yo **optimismo**;
donde haya *desesperación*, ponga yo **esperanza**;
donde haya *oscuridad*, ponga yo **luz**;
donde haya *tristeza*, ponga yo **alegría**.

Las palabras en *cursiva* simbolizan las piedras que nos ocultan la paz y la solidaridad, que impiden ver a los otros como personas, que no nos dejan descubrir las cosas buenas de la vida.

Las palabras en **negrita** simbolizan diversas formas de acariciar a los demás: perdonando, calmando, escuchando, alegrando...

Podemos hacer diversos juegos de "los contrarios", repartiendo por ejemplo, a los alumnos/as las 20 tarjetas, y se tienen que ir emparejando. Una vez que lo han hecho, cada pareja debe contar a los demás cómo pasar, por ejemplo del odio al perdón, o bien una experiencia personal de odio y perdón.

60. El mundo que tenemos y el mundo que queremos.

Vamos a dibujar unas gafas en grande, en un papel continuo en el suelo. Uno de los cristales de esas gafas, *el izquierdo, va a representar el mundo que tenemos*, la realidad que vemos, y que tiene cosas positivas y buenas, pero también tiene cosas que no nos gustan o queríamos cambiar. *El cristal derecho va a representar el mundo que queremos*, el mundo que nos gustaría tener, el mundo que soñamos.

Pero el mundo tal vez se nos queda un poco grande e inabarcable, ¿verdad? Bueno, tras esta reflexión, ¿qué tal si utilizamos unas gafas con cristales de aumento y nos enfocamos en una realidad concreta? ¿El barrio, la clase, el colegio, el grupo de amigos, el río?

Ahora es el momento de volver a utilizar esas gafas de nuevo, y tras haber *analizado con el cristal izquierdo las debilidades y fortalezas* del barrio, clase, calle, parque, colegio, etc. que tenemos, *proyectar con el cristal derecho qué vamos a hacer* para lograr esa realidad que queremos, que nos gustaría que estuviese más bonita.

61. Los vigilantes de la ALEGRÍA.

Tendremos en cada aula o centro de reunión tres gafas amarillas grandes, que serán nuestras *gafas de ver el mundo bonito*. Cada día habrá tres vigilantes de la alegría en los recreos del colegio o en las zonas comunes donde nos encontramos, que se pondrán las gafas, bien para defender la alegría (si ven que hay tristeza en alguien, o enojo), o bien para fomentar la alegría en todos.

Lo interesante como actividad para todos, antes de poner en funcionamiento estas gafas mágicas, es *elaborar un manual de instrucciones* de esas gafas para usarlas más eficazmente.

Las tres gafas pueden ir rotando por todo el grupo, de tal forma que todos/as asumirán el rol de vigilante de la alegría en algún momento. Pero también pueden estar en un lugar visible y accesible, para que cualquiera que en cualquier momento vea que necesita alegrar a alguien, se ponga las gafas y se acerque a esa persona con actitud de restaurar su alegría, tal vez invitándole a ponerse las gafas para cambiar su punto de vista y ver las cosas de otro modo.

62. Diez expresiones populares con las manos.

Hay una serie de *expresiones y frases populares relacionadas con las manos* que utilizamos con cierta frecuencia: vamos a conocerlas y a compartir para qué utilizaríamos esas expresiones, o cuándo fue la última vez que la escuchamos, etc. Veamos en primer lugar cuáles son esas diez expresiones y qué significan:

- *Tender la mano.* Significa estar dispuesto a dar nuestra mano a alguien para ayudarle a levantarse o a solucionar un problema.
- *Echar una mano.* Significa aportar nuestra ayuda a alguien o alguna causa o proyecto con nuestra colaboración directa, generalmente manual y concreta.
- *Lavarse las manos.* Es lo que hizo Pilatos cuando condenaron a Jesucristo, como queriendo decir que él no tomaba la decisión, no tenía nada que ver y por tanto nadie podría luego atribuirle culpabilidad por ello. Lo utilizamos cuando no queremos asumir ningún tipo de responsabilidad en un asunto que nos podría señalar o afectar, aunque sea justo.

- *Pringarse las manos.* Es todo lo contrario de lavarse las manos, significa pringarse o arremangarse (la camisa o el jersey) para apoyar lo que consideramos que es justo y necesario, para colaborar aunque nos señalen o juzguen por ello.
- *Mancharse las manos.* Significa haber formado parte de un plan, hecho o empresa que no es ético, no es lícito o no persigue un buen fin, y que suele ser por ello perjudicial para otros.
- *Mano a mano.* Significa colaborar con otros en equipo, sumar nuestras manos a una causa u objetivo compartido, hacer las cosas junto a otros.
- *Con las manos en la masa.* Significa que nos han visto o "pillado" haciendo algo que no está bien.
- *Manos a la obra.* Significa que ya nos ponemos a trabajar, a hacer las cosas o la tarea que tenemos encomendada.
- *Dejar en buenas manos.* Expresa tranquilidad y seguridad por dejar algo o alguien al cuidado o responsabilidad de una persona que sabemos va a hacer y cuidar lo que le hemos dejado (un objeto, un secreto, una idea, una persona) con eficacia, amor y competencia.
- *De mano en mano.* Significa que una responsabilidad, problema o proyecto va pasando de mano de mano, de persona en persona, pero al final no se realiza de tantas manos por las que pasa, ya que ninguna se compromete de verdad con ello.

Una forma dinámica de comentar estas frases y hablar de ellas animando el diálogo, sería *con un dado*, vamos viendo frase por frase y en función del número que nos salga (PAR / IMPAR), decimos lo siguiente:

Nº dado	Comentar con los demás
PAR	¿Cuándo fue la última vez que escuchamos o utilizamos esta frase o algo parecido? ¿Quién lo dijo y por qué?

IMPAR	Inventa una frase que contenga esta expresión, indicando en qué situación y a quién se la dirías.

63. Pensamientos adecuados y sentimientos adecuados.

Los pensamientos que tenemos ante las cosas difíciles y complicadas que nos ocurren cada día, generan en nosotros las emociones adecuadas, y por tanto, los comportamientos adecuados. Conviene empezar a entrenar a niños y niñas en tener siempre los pensamientos adecuados ante los problemas y retos cotidianos que tienen que afrontar.

La dinámica consiste en poner una serie de supuestos, y ellos/as, tienen que decir, de las dos opciones (pensamiento adecuado / pensamiento inadecuado) sin saber que estamos proponiendo pensamientos adecuados o inadecuados, cuál es la que ellos/as escogerían o pensarían en realidad. Veamos en este cuadro:

Hecho, reto o problema	Tipo de pensamiento	Sentimiento	Comportamiento probable
Cambian de colegio a mi mejor amigo/a	*Le voy a echar de menos*	Tristeza, melancolía	Llorar, hablar con alguien de ello, pensar en él/ella, llamarle para charlar…
	Es una injusticia muy grande, no puedo estar sin él / ella	Angustia, desesperación, rabia	Encerrarse y no querer salir, no querer estar con nadie más…
Competición contra uno de los mejores equipos o rival	*Les vamos a machacar, tenemos que pasarles por encima*	Agresividad, ansiedad, furia	Descontrol en el juego, juego sucio, incumplimiento normas del juego…

	Aunque son muy buenos, tenemos que demostrar que nosotros también, y competiremos al máximo nivel	Entusiasmo, concentración, entrega	Entregarse a tope, luchar hasta el último minuto, trabajo en equipo, darlo todo...
Malos resultados en un trabajo o examen del colegio	*Soy un desastre, el profe me tiene manía, voy a fracasar*	Rabia, desconsuelo, enfado	Comentarios negativos hacia uno mismo, hacia los estudios y hacia el profesor...
	No he estado a la altura, tengo que ser más responsable y mejorar	Orgullo personal, superación	Reflexión personal, esfuerzo por superarlo, mejora personal...

Una vez que han escogido el tipo de comportamiento de los dos (adecuado / inadecuado) les podemos preguntar cómo se sentirían y qué harían en cada caso, para que se den cuenta hasta qué punto el tipo de pensamiento condiciona nuestros sentimientos y acciones.

64. Los pensamientos positivos: nuestros mejores aliados.

Hecho el ejercicio anterior, podemos más adelante plantear a los niños y niñas cómo pensar adecuadamente los retos a los que tienen que enfrentarse próximamente (deportes, estudios, hacer una tarea que nos apetece, tal vez reconciliarse con alguien...). Primero haremos una lista con todos los retos o tareas importante que tienen que asumir, digamos durante la próxima semana.

Según van aportando retos y tareas, los escribimos en la pizarra, hasta que tengamos por lo menos una lista de 7 a 10 retos. A continuación, volvemos a recordar la importancia de los pensamientos, y cómo determinan nuestros sentimientos y comportamientos (nuestra motivación para asumir los retos, en definitiva) y empezamos a dar ideas acerca de cuáles serían los pensamientos adecuados para asumir esos retos y lograrlos.

Ojo: *conviene ser realistas en los pensamientos, que de verdad sean "positivamente" adecuados*, porque si nos pasamos y decimos que todo va a salir genial, y super-guay, eso luego no ocurre y nos desmotivamos. Una vez que tenemos esas ideas y sugerencias de esos pensamientos adecuados, tratamos de llevarlos a la práctica, *y dentro de dos semanas evaluamos cómo nos han funcionado.*

65. El tiempo regalado.

Hablemos de regalar tiempo: ¿Qué significa regalar tiempo a otros? ¿Cómo se puede regalar tiempo a los demás? ¿Y si no tenemos tiempo porque hacemos muchas cosas cada día, cómo lo podemos regalar? ¿Es posible que nos quitemos tiempo de jugar, por ejemplo, para compartir ese tiempo con alguien que nos necesita?

Vamos a jugar a regalar tiempo a otros. Pero no se trata de regalar tiempo del que nos sobra, sino de renunciar a hacer algo (jugar a video-juegos, por ejemplo) que nos gusta, y dar ese tiempo a los demás. Cada cual pensará en una persona que esta semana necesite de nuestro tiempo (nuestros padres, algún hermano/a, algún amigo/a, algún compañero de clase, algún familiar...) y contará cuánto tiempo podría regalarle y de qué actividad restaría ese tiempo, a qué tendría que renunciar.

Dejamos un tiempo para pensarlo mientras ponemos una música suave. Luego compartimos nuestras ideas, y hablamos de lo importante que es "regalarnos tiempo unos a otros". Una pregunta más: ¿En una sociedad que nos invita a regalarnos cosas materiales, es importante regalarnos tiempo y otras cosas sencillas que no cuestan dinero, pero que hacen muy felices a los demás?

Y para terminar la actividad, una frase de El Principito (A. de Saint-Exúpery): "*El tiempo que pasaste con tu rosa hace que tu rosa sea importante*". La podemos traducir como "*El tiempo que pasaste con alguien, hace que ese alguien sea importante*".

66. Las frases de la paz.

Hay frases célebres que constituyen buenos pensamientos y reflexiones sobre la paz. Una forma dinámica de trabajarlas es partirlas en trozos e invitar a los niños a que con todos los trozos de frases esparcidos por el suelo o la mesa, construyan 5 frases distintas que hablen sobre la paz. Las frases y sus trozos para partirlas (tres trozos cada frase) pueden ser estas:

Si quieres la paz	*comienza con*	*una sonrisa*	Teresa de Calcuta
Si estás en paz contigo	*también lo estarás*	*con los demás*	Fray Luis de León
Jamás hubo	*una guerra buena*	*o una paz mala*	Benjamin Franklin
Siempre debemos dar	*una oportunidad*	*a la paz*	John Lennon
No tomes por la fuerza	*lo que puedes*	*lograr por amor*	Amerindio Powhatan

Una vez que hemos construido todas las frases, revisamos a ver si están correctas, revelamos el nombre de sus autores/as, y vamos reflexionando frase por frase acerca de su significado y mensaje para construir una cultura de paz.

67. Viaje a la ciudad de la paz.

¿Cómo es la ciudad de la paz? ¿Qué hace allí la gente, cómo vive, cómo se relaciona? Es *una interesante pregunta para poner a trabajar la imaginación de los niños y niñas*, incluso proponerles que juntos dibujen en un mural esa "Ciudad de la Paz" que tanto anhelamos. ¿Cómo la describen y perciben los niños, en qué se fijan y qué es importante para ellos? Dejémosles un rato que lo pinten y lo cuenten.

Una vez que hemos imaginado, dibujado y descrito la ciudad de la paz, vamos ahora a explorar por equipos cómo llegar a esa ciudad si nos ponemos en camino hacia ella. Lo haremos en 5 equipos, y cada equipo ha de explicar cómo es ese viaje por el camino o ruta que le ha correspondido. Estas son las 5 posibilidades:

a) *La vía del diálogo.* Es una antigua vía de tren que ya no se utiliza o se utiliza muy poco, pero aún así, esta vía (de diálogo) dicen que siempre es muy eficaz para llegar a la ciudad de la paz ... ¿Por qué será?

b) *La montaña del esfuerzo.* Es la que menos suele utilizar la gente para llegar a la ciudad de la paz, porque dicen que es muy cansado, y enseguida se dan la vuelta y desisten de ir a esa ciudad ...

c) *El camino del perdón.* Es uno de los más seguros para llegar a la ciudad de la paz, pero está lleno de unas zarzas llamadas resentimientos y al final mucha gente de sale de ese camino y se pierde...

d) *El río de la verdad.* Es una forma apacible de llegar en barca a la ciudad de la paz, pero a la gente le da un poco de miedo, porque es un río muy transparente que deja ver su fondo con mucha claridad, y a muchos no les gusta lo que ven, y por eso se bajan en la orilla más cercana antes de llegar a la ciudad de la paz...

e) *La vereda de la imaginación*. Es un camino alternativo para llegar a la ciudad de la paz, no está muy marcado ni muy transitado, porque no existe en realidad, hay que crearlo e irlo dibujando con rutas novedosas. Aún así dicen que es una forma bastante segura y original de llegar a la ciudad de la paz...

Tras ese trabajo de los equipos, lo pondremos en común y sacaremos nuestras conclusiones. Más tarde *podríamos pensar en algunos conflictos y desencuentros que hemos tenido, y contar cuál de los caminos nos ayudaría a restablecer la paz y la amistad* con los demás: ¿Sería un camino concreto o varios de esos caminos?

68. La manta de los mimos.

¿Recordamos la sensación de cuando tenemos frío y alguien nos cubre con una manta? Hay muchas personas que pasan frío y calamidades, y el gesto de acogerles con una manta, cubrirles con ella y transmitirles nuestro amor y ayuda, es muy reconfortante. También es habitual que en un día frío de lluvia, o cuando estamos un poco acatarrados, estemos deseando llegar a nuestro hogar y tumbarnos en el sofá cubriéndonos con una mantita.

Bien, pues vamos a llevarnos una manta al aula o sala de reunión. *Esa manta va a representar nuestra acogida de corazón a los demás,* sobre todo a los que necesitan nuestra ayuda cuando su realidad es fría y complicada. Vamos a hacer el ejercicio de la manta en dos momentos:

1. Haciendo un ejercicio de empatía (= ponerse en el lugar de los demás) y recordando *cuándo fue la última vez que tuvimos la experiencia de ser acogidos y calentados con una manta.*

2. Esforzándonos en *ser personas manta para los demás*, siendo acogedores y cálidos, estando dispuestos a escuchar y ayudar a los que más lo necesitan, a aquellos que sienten el frío y la soledad social.

De tal forma que nos iremos pasando la manta uno a uno, y a quien le toque, se la pondrá sobre los hombros (bueno, si hace calor en la sala no) y contará dos cosas a los demás:

1. *La última vez que sentí el calor de una mantita yo estaba en … necesité la mantita porque … y me la puso …*
2. *Yo creo que soy mantita para los demás cuando …*

Otra posibilidad (si los niños/as tienen 7-8 años o menos) es hacer todos una primera ronda de intervenciones respondiendo a la opción 1, y la segunda ronda respondiendo a la opción 2, así nos mezclamos y nos centramos más en cada cosa.

69. Etiquetas de calidad "mundo contento".

Aprovechando el mensaje de la canción, *vamos a diseñar un señalador, tarjeta o etiqueta que simbolice el mundo contento*, pero también otro que simbolice el mundo triste. Tan sencillo como una bola del mundo contenta y otra triste.

Se trataría de *situar estos señaladores o etiquetas en aquellos lugares que compartimos* en nuestro colegio, casa, centro de reunión, que especialmente veamos que están cuidados, tienen en cuenta la ecología, etc. (mundo contento). Y también poner señaladores de mundo triste en aquellas zonas donde veamos todo lo contrario: están descuidadas, se está despilfarrando agua, luz, o no se han dejado cosas en los contenedores no adecuados, o se ha utilizado mucho papel sin reciclar, etc.

Haremos varias *eco-patrullas de niños/as* rotatorias cada día que nos reunamos o cada cierto tiempo, para hacer una ronda el final de las actividades por los lugares comunes (salas, aulas, patio, puerta de entrada, baños...) y *señalar con mundos contentos los especialmente cuidados y ecológicos*, y con mundos tristes los más descuidados en cuanto a la ecología.

Es importante que *elaboremos entre todos una lista de indicadores* y cosas en las que fijarnos, para hacer la evaluación de un sitio y asignarle la etiqueta de mundo contento o mundo triste. Es mejor elaborar la lista entre todos, aunque ayude el educador, que darla ya hecha, ya que entre todos los niños/as se involucran más, definen los indicadores con sus palabras y así serán más eficaces.

70. Carta a los Reyes Magos para los niños y niñas sin hogar.

Generalmente escribimos la carta a los Reyes Magos pidiendo cosas para nosotros, pero pocas veces caemos en la cuenta de que *también podríamos pedir cosas para otros niños y niñas que no tienen tanta suerte* y que en Navidad van a pasar frío y calamidades. Vamos entones a escribir *una carta a los Reyes Magos para los niños y niñas que en esta Navidad no van a tener un hogar digno*, porque en los países en que viven hay guerras y persecución, y han tenido que huir a otros lugares, pero todavía no tienen un hogar, un colegio, un ambiente estable con amigos y amigas...

Bien, pues vamos a escribir la carta entre todos, como si fuera una carta firmada colectiva. Una vez que la tengamos escrita, *el educador/a va a introducir un nuevo elemento de reflexión y trabajo:* "Imaginemos ahora que todos nosotros y nosotras *somos los ayudantes de los Reyes Magos y nos encargan la misión de hacer realidad lo que pone en esta carta,* llevarlo a la práctica". ¿Qué haremos, cómo procedemos? Bien, *debemos trazar un plan para lograr que esto se cumpla* durante el próximo año ¡a ver qué ideas se nos ocurren!

71. La cuna vacía.

Llevaremos al aula y sala de encuentro una pequeña cuna de madera, en época pre-navideña, y la dejaremos en el centro a la vista de todos los niños y niñas. Comenzaremos diciendo que aquí hay una cuna, como puede verse, y a partir de entonces, iniciaremos un debate con ellos/as, dejando que lleven un poco el ritmo, pero también tratando de formular algunas preguntas interesantes para la reflexión. Sugiero estas, pero se pueden añadir / quitar las que consideremos oportunas:

- ¿Para quién es esta cuna?
- ¿Qué significa esta cuna en Navidad?
- ¿Qué más hace falta para que el niño que venga esté bien y sea feliz?
- ¿Dónde estaba la cuna de Jesús?
- ¿Quiénes fueron sus padres?
- ¿Es lo mismo nacer niño que nacer niña? ¿En todos los lugares del mundo?
- Alguien habló de una "Cuna de Esperanza en Belén". ¿Qué esperamos en realidad? ¿Qué es la esperanza?
- ¿Qué hace una cuna de Navidad en...? Reflexionemos acerca de los otros lugares de la Navidad: un hospital, la calle, un campo de refugiados, una residencia de mayores, una red social... (añadimos los que consideremos oportunos).

72. La brocha suave de la calma.

Llevaremos al aula una brocha de madera en la que vamos a escribir "Brocha suave de la calma". Va a ser nuestra amiga y aliada para los momentos de tensión y enfado, de modo que siempre nos va a recordar la importancia de saber relajarnos y tomar el control de nuestros pensamientos, sentimientos y comportamientos. ¿Queréis saber cómo funciona? Les preguntaremos a los niños y niñas.

Entonces vamos a invitar a todos los niños y niñas a que se tumben en sus esterillas, boca-arriba con las piernas estiradas y los brazos estirados apoyados en la esterilla, no en el cuerpo, con las manos extendidas. Les invitamos a que tomen conciencia de su respiración para que se vaya siendo tranquila y lenta. Podemos poner una música suave y relajante de fondo. Ahora les vamos contando poco a poco y despacio, haciendo pausas, esta historia de la brocha suave de la calma:

La brocha suave de la calma va a pintar todo nuestro cuerpo con una pintura especial que va durmiendo todas las zonas que va tocando.

Nuestra amiga la brocha está preparada para ayudarnos a sentir bienestar, calma y tranquilidad.

Empieza por la pierna izquierda, poco a poco va pintando nuestros dedos del pie, que se van quedando dormidos, ya no se mueven.

Luego pinta el pie izquierdo y sigue pintando por la pierna izquierda hacia arriba, llega a la rodilla y sigue hacia arriba hasta completar nuestra pierna izquierda.

Ya tenemos completamente dormida la pierna izquierda, lo notamos porque nos pesa mucho y no la podemos levantar.

Ahora da un salto y empieza a pintar por los dedos del pie derecho que se van durmiendo, luego todo el pie derecho, sigue subiendo por la pierna derecha, llega a nuestra rodilla derecha, la relaja también y sube toda la pierna derecha hasta la cadera de forma que ya tenemos dormidas las dos piernas: ¡qué sensación de paz y tranquilidad!

Pero la brocha suave de la calma sigue pintando nuestro cuerpo que cada vez se relaja más, nos pinta la tripa, llega hasta el ombligo, pinta nuestro abdomen, nuestro pecho, y cada vez nos sentimos con más bienestar y tranquilidad.

Ahora comienza a pintar el hombro izquierdo y va bajando por el brazo izquierdo que se queda muy relajado, no se pude mover, y también pinta la mano izquierda, que se queda completamente quieta.

Da un saltito y empieza a pintar la mano derecha, que se queda muy relajada, luego sube por el brazo derecho hasta el codo y poco a poco hasta el hombro derecho, y ya tenemos relajado casi todo el cuerpo. Pero la brocha suave de la calma quiere pintarnos de sosiego y bienestar todo el cuerpo, de modo que sigue pintando.

Comienza a pintarnos el cuello, la cara, los labios, la nariz, nuestros párpados cerrados, la oreja derecha, la oreja izquierda y la frente.

Ya está todo nuestro cuerpo pintado por la brocha suave de la calma, que se retira a descansar. Nos sentimos con mucha paz y bienestar, con todo nuestro cuerpo relajado que nos agradece este momento de descanso, sosiego y bienestar.

Pero la pintura mágica de la brocha suave de la calma, no dura para siempre, se va evaporando y desaparecen sus efectos a los 5 minutos, de modo que notamos que ya se empieza a despertar nuestra pierna izquierda y los dedos del pie izquierdo. Luego los dedos del pie derecho y la pierna derecha.

Nuestro torso también empieza a despertarse, empezamos mover la mano izquierda y el brazo izquierdo, luego la mano derecha y el brazo derecho, poco a poco se despierta nuestra cabeza y nuestro rostro también, y finalmente abrimos los ojos. Nos vamos incorporando muy poco a poco y quedamos sentados en nuestra esterilla.

Tras la experiencia de relajación, y ya en posición de sentados en las esterillas, comentamos cómo nos hemos sentido, si nos ha costado o no relajarnos, o qué nos ha parecido la brocha suave de la calma. Es normal que cueste un poco seguir este ejercicio si no se tiene experiencia en relajación. Una vez experimentado, si les gusta a los niños/as, podemos hacerlo más veces cuando nos lo pidan o notemos que debemos tranquilizarnos.

73. Las utilidades de la brocha suave de la calma.

Cuando estemos familiarizados con el ejercicio de *la brocha suave de la calma* y su significado, podemos hacer equipos, dar a cada equipo una brocha mágica en la que ponga escrito "brocha suave de la calma" y les invitamos a pensar en algunas utilidades para cuando estemos enfadados o muy tensos y alterados. Entonces cogeremos la brocha suave la calma con nuestras manos, y ¿qué ocurrirá? ¿qué haremos para tranquilizarnos? Los equipos deben dar ideas originales, Algunas ideas podrían ser:

- Nos sentamos con la brocha en nuestras manos, cerramos los ojos y respiramos despacio.
- Nos ponemos a pintar con la brocha un dibujo imaginario.
- Acariciamos nuestras manos con los pelos de la brocha, mientras nos repetimos internamente una palabra o mantra (calma, serenidad, tranquilidad, sosiego, paz...).

74. El fonendoscopio de escuchar los sentimientos.

Llevaremos al aula un fonendoscopio de esos que usan los médicos y que tanto llaman la atención a los niños y niñas. Y comenzamos preguntando ¿qué es este utensilio? ¿para qué sirve? ¿quién lo usa? Y seguimos preguntando ¿qué es lo que se escucha el fonendoscopio? Dirán que "el corazón". Bien, aquí es donde queremos llegar y donde comienza nuestra metáfora: la importancia de saber escuchar nuestro corazón y el de los demás. De este modo el fonendoscopio tiene dos pistas o utilidades importantes que nos pueden dar una pista:

1. Tiene una membrana redonda que es la que ponemos en el pecho o la espalda del paciente, y permite amplificar los sonidos del corazón, tiene *sensibilidad* para escucharlos.
2. Tiene unas olivas que son las que se meten en las orejas para poder *aislarnos del ruido exterior y centrarnos en el corazón* que vamos a escuchar.

Bueno, pues a partir de aquí, organizamos a los niños y niñas por equipos y les decimos que reflexionen acerca de cómo escuchar los sentimientos de los demás si fuéramos fonendoscopios, es decir, *teniendo sensibilidad para captar los sentimientos de los demás* y sabiendo *aislarnos o acallar los ruidos internos o externos que nos estorban* para escuchar bien.

75. Hospital de valores y virtudes.

Vamos a plantear un reto interesante a nuestros niños y niñas: les diremos que hay una serie de valores que están heridos y si no los atendemos y curamos, corren el peligro de morirse y desaparecer. Para ello vamos a crear un hospital de valores, donde les haremos un diagnóstico adecuado de lo que les pasa (qué posibles virus les están atacando y enfermando) y les aplicaremos el tratamiento más adecuado para que vuelvan a estar sanos y fuertes.

Cada *equipo médico de tres o más niños/as* ha de trabajar y estudiar uno de los valores importantes que hoy está herido y enfermo. Para ello habrán de *conocer al enfermo*, es decir, informarse qué significa ese valor, hacer un *diagnóstico* de por qué hoy está enfermo o herido, y proponer un *tratamiento* adecuado para curarlo. Estos valores pueden ser los siguientes:

- Justicia
- Esfuerzo
- Cooperación
- Humildad
- Honestidad
- Igualdad
- Fraternidad
- Solidaridad
- Respeto
- Tolerancia
- Sinceridad
- Bondad

Al final ponemos en común nuestros casos, y tratamos de extraer conclusiones interesantes de todos para ser, en adelante, los médicos que curan y atienden a los valores heridos o enfermos del mundo.

76. Inventando un nuevo medicamento.

Vamos a inventar una nueva medicina que podamos recetar a todos para tratar determinadas dolencias de nuestros días. Son medicinas psicológicas, es decir, no hay que tomarse nada físico, pero nos ayudarán a combatir algunos problemas que todos solemos tener en algún momento. Cada equipo de tres o más niños/as deberá *escribir el prospecto de ese medicamento*: sus propiedades, sus dosis y forma de administrarlo o tomarlo, sus utilidades, sus efectos secundarios, etc., como si se tratara del prospecto de un medicamento. Una vez lo tengan, harán un diseño de su presentación (dibujo de la caja) y lo contarán a los demás, como si lo estuvieran vendiendo.

Los medicamentos a desarrollar serán los siguientes (sugerencias):

- *Colaboridina*: para tratar el egoísmo y la falta de colaboración.
- *Voluntazol*: para tener más voluntad de hacer las cosas.
- *Respetax*: para respetar más a las personas y a la naturaleza.
- *Tensiofreno*: para frenar la tensión y la violencia y tranqulizarnos.
- *Positivatron*: para ser más positivos y valorar más positivamente a los demás.

77. Risoterapia y buen humor.

Todos tenemos la experiencia de lo bien que nos sentimos después de un ataque de risa floja sin poder parar de reír. Esto es así porque al reírnos movemos muchísimos pequeños músculos de nuestra cara, de nuestro abdomen, diafragma, y de todo el cuerpo, además de determinadas sustancias beneficiosas que nuestro cerebro aporta al organismo cuando estamos de buen humor.

Por eso se habla de risoterapia, porque la risa buena y el buen humor, generan bienestar y salud en cás personas. No se trata de estar todo el día contando chistes, o hacernos los graciosillos/as en todo momento, sino de cultivar el sentido del humor y hacerlo en los momentos que debemos hacerlo, pero no cuando no viene a cuento o podemos herir los sentimientos de alguien. Por ejemplo: ¿contarías un chiste en un funeral o te reirías? No tendría sentido, y no estaría bien visto.

Por ello, si no queremos meter la pata y reírnos cuando no toca, o de lo que no toca reírse, lo mejor es programar sesiones o espacios de risoterapia, donde sabemos a lo que venimos: ¡a reírnos! Pero no a reírnos a costa de los defectos de los demás, los fallos de los demás, o las diferencias de los demás. Podemos aprender a reírnos de nosotros mismos, y además a reírnos de forma sana y saludable.

Hay muchas maneras de generar buen humor, pero nosotros vamos a hacerlo con los dados de la risa, que nos van a ayudar a sacar las cosas de su lugar o función habitual y a ponerlas a funcionar en otro lugar diferente, y con ello generaremos muchas situaciones cómicas que vamos a representar para que nos riamos todos. Jugaremos tirando el dado una primera vez para seleccionar un rol o profesión, que se llama *"actúa como si fueras"* y en segundo lugar tiraremos al dado para seleccionar una situación concreta o problema, que se llama *"resolviendo esta situación"*. Veamos estas funciones del dado en las dos tiradas:

Nº dado	1ª tirada: *actúa como si fueras...*	2ª tirada: *resolviendo esta situación...*
1	*Un guía turístico enseñando un museo o una ciudad*	*Pedir perdón a un amigo/a porque te has comido sin querer sus palomitas y las tuyas en el cine*
2	*Una estrella de rock cuando sale al escenario*	*Decirle a la profe que os alargue la fecha de entrega del trabajo por tercera vez*

3	*El presentador/a del tiempo en la televisión*	*Decir a tu padre o madre que te has dejado la barra de pan que has comprado en la panadería*
4	*Un comentarista deportivo narrando un partido*	*Decirle a tu mejor amigo/a que se ha desteñido a lavarla en casa la camiseta guay que te prestó*
5	*Un cuentacuentos infantil en un cumpleaños*	*Decirle a la madre de tu amigo que te ha invitado a comer que no te gusta el arroz con leche*
6	*La azafata o auxiliar de un avión antes de despegar*	*Decirles a tus amigos que te has equivocado en tu fecha de cumpleaños y que no habrá fiesta*

Se puede jugar en grupo grande o en pequeños grupos. La ventaja del grupo grande es que se genera mejor ambiente, pero por otro lado puede generar también más tensión o timidez la dramatización en algunos niños y niñas. En grupos pequeños de 5 por ejemplo, hay menos problema de timidez y ha más opciones de que todos participen dramatizando más veces.

La mecánica es sencilla: van rotando, y al que le toque tira el dado una vez y selecciona rol y tira una segunda vez y selecciona situación. A partir de aquí lo tiene que representar a los demás, hablando como habla ese personaje / rol y actuando como actúa ese personaje / rol. Cada equipo ha de tener un dado y una copia de la tarjeta de funciones del mismo en ambas tiradas (tabla anterior).

78. Mi mano del cuidado.

Preguntamos a los niños y niñas: ¿recordáis cuando vuestros padres y madres os llevaban cogidos de la mano? Cuando somos muy pequeños, y apenas sabemos andar, es importante sentir el calor y la seguridad de la mano materna o paterna, o ambas. ¿Recordáis cuando vuestros padres os cogían de la mano para cruzar la calle, para subir a donde no llegabais, para entrar y salir del baño, en la piscina...? ¿Cómo os sentíais? ¿Y si alguna vez os soltaban para que fuerais aprendiendo solos, que sensación teníais?

Bien, pues tras esta breve reflexión y diálogo anterior, *vamos todos a dibujar la silueta de nuestra mano abierta* en una hoja de papel, rodeándola con un bolígrafo o lapicero. Una vez que la tengamos, vamos a escribir en el centro de la palma de la mano silueteada la siguiente frase: "La mano de (nuestro nombre) es necesaria para cuidar de..." Y después en cada uno de los 5 dedos de esa mano pondremos el nombre de una persona o ser vivo que necesite ser cuidado por nosotros para estar mejor y más protegido/a. Ejemplos: mi madre, mi padre, mi hermana, mi amigo, la tierra, mi mascota, mis plantas, etc.

Con todas las manos llenas de nuestros nombres y de los seres que podemos y debemos cuidar, haremos un gran mural titulado "Nuestras manos del cuidado".

Actividades para adolescentes y jóvenes a partir de 12 años.

79. ¿Qué haces tú para cambiar el mundo?

Nos llevamos al aula una pelota hinchable del mundo, serigrafiada con todos los continentes. Ahora la suelen vender en tiendas infantiles, o de productos didácticos.

Nos la vamos lanzando unos a otros, y quien la coja ha de decir algo que haga o puede hacer para cambiar el mundo. Y así hasta hablar casi todos.

Conviene indicar si vemos gestos de no querer coger la pelota (evitar la responsabilidad), o evitar que nos caiga cerca, ¿qué significa esto en la realidad? Coger la pelota es asumir la responsabilidad del mundo en nuestras manos.

Es importante reflexionar acerca de si somos muy idealistas y utópicos en lo que decimos, o más bien prácticos. También si somos originales y creativos, o decimos lo de siempre.

Al final podemos anotar las mejores ideas que hayan salido y ponerlas en práctica.

80. Gymcana intergeneracional.

Organizaremos una fiesta-gymcana en la que participarán niños/as, jóvenes y adolescentes, adultos (padres y madres, profesores) y personas mayores (abuelos/as, residencia próxima al colegio). Los equipos serán mixtos, formados por todas las generaciones, y las pruebas y juegos serán lo más cooperativas posibles, y adaptadas a las diferentes edades.

81. El educametro internacional.

Los alumnos/as, agrupados en equipos de trabajo, han de hacer un "educametro" internacional, es decir, una escala métrica de 1 a 10, en el que sitúen los países que menos garantizan el derecho a la educación en el 1, y progresivamente los países que más garantizan el derecho a la educación en el nivel 10 o máximo. Para ello podrán utilizar como símbolo un lápiz, una regla, o algo escolar. Deberán tener en cuenta aspectos como las condiciones de vida, el acceso de la mujer a la educación, una educación inclusiva, etc.

En general conviene leer bien e informarse acerca del ODS (Objetivo de Desarrollo Sostenible) número 4: Educación de Calidad. En la web de Naciones Unidas hay bastante información sobre los ODS y sus indicadores, así como análisis por países.

82. El valor de nuestras calles y plazas.

Con la ayuda de un callejero, tipo Google Maps, deberán investigar, por zonas de la ciudad o localidad, asignadas a varios equipos de alumnos/as, los nombres de las calles y plazas de su zona, y su significado desde criterios de: género, interculturalidad, norte-sur, significado socio-político, justicia social, valores y derechos humanos, etc.

Al final entre todos extraeremos nuestras conclusiones. Si alguna calle o plaza nos parece poco apropiada en su denominación para la época actual, haremos un escrito al ayuntamiento sugiriendo que cambien el nombre y justificando por qué.

83. La Pizza de los Valores.

Necesitamos una caja vacía de pizza, a ser posible sin etiquetar (se pueden comprar en tiendas de packaging especializadas.

Dentro de la misma pondremos una base de pizza hecha con "goma eva" y entregaremos a cada grupo de alumnos/as, una caja de pizza con su base de "goma eva" dentro, y con un par de rotuladores.

Han de trabajar un valor cada grupo, escribir sobre la base de la pizza los "ingredientes" de dicho valor (comportamientos, acciones, etc) y decorar la caja por fuera con el nombre de su valor y el prefijo "tele" delante. Por ejemplo: Tele-Respeto.

También pueden idear o explicar las características de su servicio, cómo lo van a ofrecer a otros, etc.

84. La pulsera "todos incluidos".

Como alternativa a la pulsera "todo incluido" de los resorts, que fomenta el consumo desmedido e individualista, nosotros haremos una *pulsera "todos incluidos"* en nuestro barrio, centro educativo-social o parroquia, para fomentar la inclusividad, la colaboración y el diálogo intercultural.

Haremos las pulseras, que llevarán una pequeña nota de instrucciones de uso, como por ejemplo: acepta a todos como son, acércate a quien está solo, interésate por los que son más diferentes a ti, acoge a los nuevos, etc. Toda persona que se ponga la pulsera, se compromete a usarla bajo esas instrucciones.

También podemos dividir la clase por grupos, dar a cada grupo unos trozos de goma-eva de colores, tijeras, grapadora o pegamento y decirles que han de diseñar una "pulsera todos incluidos" para usarla como símbolo de la inclusión y aceptación de todos, sin distinción. Además habrán de hacer un *pequeño manual de instrucciones* de la pulsera: *cuando te pongas esta pulsera, lo que tienes que hacer es...*

Más tarde ponemos en común todas las pulseras y elegimos la que más nos guste, así como las instrucciones que nos hayan parecido más adecuadas para el objetivo de la pulsera.

85. ¿Cómo he llegado yo hasta aquí hace 100 años?

Cada cual debe investigar cómo ha llegado hasta este lugar (colegio, población) analizando los últimos 100 años de su historia familiar. Para ello debe investigar, indagar en su familia, preguntar, etc. ¿Cómo y dónde se conocieron sus abuelos, padres? ¿Por qué se trasladaron a vivir aquí? El trabajo se entregará en formato "mapa mental" o esquema-itinerario. Si lo considera el educador/a, compartiremos esas experiencias (lo mejor es que libremente las compartan los que lo deseen).

86. Los derechos de los árboles.

¿Es posible que los árboles tengan derechos? Nosotros podemos hacerlo posible, y además comprometernos a defender sus derechos y respetarlos.

Por equipos, los niños y niñas, han de elaborar una *Carta de los Derechos de los Árboles*. Para ello antes han de saber qué es una carta de derechos, y reflexionar cómo los derechos de los árboles implican deberes de los seres humanos, garantizar un ecosistema, etc. Deberán investigar qué significa no respetar los derechos del los árboles: talas indiscriminadas e ilegales por explotación económica o urbanística, quema de bosques e incendios forestales intencionados, etc.

Con todas las ideas podemos *hacer un decálogo y divulgarlo* en nuestro entorno (barrio, pueblo, redes sociales, centro educativo, parroquia, etc.).

87. Las 10 palabras más importantes para resolver un problema o conflicto.

Agrupados en equipos, los alumnos/as han de elaborar un decálogo con las 10 palabras o expresiones más importantes para resolver un conflicto o problema.

Una vez tengan los decálogos los compartimos y al final compilamos el decálogo que presidirá el aula durante todo el curso.

88. Concurso de EcoSoluciones.

Agrupados en equipos, los alumnos y alumnas, y tras conocer eco-soluciones medio ambientales y sociales, como la campaña "Un Litro de Luz", por ejemplo (bombillas con botellas de agua para dar luz en las favelas), o la rueda de transportar agua (WaterWheel - HippoRoller), deberán idear un prototipo eco-social que resuelva un problema, o mejore en cuanto a sostenibilidad algo ya existente.

Haremos una comunicación y exposición de todos los prototipos utilizando para ello el *formato póster* (en una cartulina) que se utiliza en los congresos y reuniones científicas. Si podemos elegir un jurado neutral (alumnos de cursos superiores, profesorado, etc.), también premiaremos las mejores y más innovadoras eco-soluciones.

89. Observatorio Local de los Derechos Humanos.

Durante el tiempo que estime el profesor/a, los alumnos/as, constituidos en equipos de trabajo, han de investigar y observar el cumplimiento o no de algunos Derechos Humanos en una zona concreta (plaza, calle, barrio) de su localidad o población.

Conviene que se repartan varias zonas, y se ayudarán de algunas herramientas tecnológicas con las que podrán comprobar el porcentaje de zonas verdes, centros de salud, tipo de población, conflictos, salubridad, etc.

90. Zapatos viajeros.

Cada alumno/a llevará a clase un zapato especial para él o ella: puede ser una zapatilla, bota, sandalia, etc.

Según llegan se meten todos los zapatos en una bolsa grande, sin que se vea el que ha traído cada cual.

En un momento dado el profesor/a, sacará a la vista todos los zapatos en el suelo, y dirá a cada alumno que elija uno, que no sea el suyo, y que le haga tres preguntas al zapato, bota, etc.
Las preguntas se harán con pos-it, que se pegarán en el zapato: pueden ser preguntas de ¿dónde has estado?, ¿qué sitios has andado?, ¿cuándo has tenido que correr?, etc.

Una vez que todos los zapatos tienen sus preguntas, ahora sí, cada dueño/a, coge su zapato y contesta a las preguntas.

Conviene que salgan preguntas, o sugerirlas, relacionadas con nuestra labor en la vida como misioneros/as cotidianos, que andan caminos, se encuentran con gente...

91. Comerciante, artesano y samaritano.

Cada alumno/a ha de escribir en su cuaderno las últimas 5 situaciones en las que ayudó a alguien. Una vez que las escriba, y no antes, le explicamos que hay tres tipos de motivos para ayudar:

- *Tipo comerciante:* buscamos algo a cambio, es una motivación extrínseca e interesada.
- *Tipo artesano:* la ayuda supone un reto a nuestras capacidades, una expresión de nuestra valía personal, es una motivación intrínseca que aumenta nuestra autoestima.
- *Tipo samaritano:* buscamos sobre todo el bienestar del otro, la felicidad del otro por encima de otros intereses personales, es una motivación trascendente.

Ahora cada cual reflexiona cuál ha sido su motivación principal en sus cinco situaciones de ayuda.

Puede hacerse este ejercicio también tras una experiencia de voluntariado escolar organizada.

92. Las 7 maravillas sociales del mundo.

Distribuidos en equipos, los alumnos/as han de elaborar una lista basada en el concepto de Las 7 maravillas del mundo, pero en este caso el criterio debe ser por su carácter de representar la solidaridad y justicia social.

Al final, entre toda la clase harán la lista definitiva y la expondrán en el colegio.

93. Valores y magdalenas.

Llevamos al aula varios moldes de los que se utilizan para hacer magdalenas, pueden ser de papel o los más modernos de material reutilizable.

Se trata de dar a cada grupo un molde de magdalena, junto con un valor asignado para trabajar metafóricamente con ese molde. Los valores, si por ejemplo hay seis grupos de alumnos/as, pueden ser estos: RESPETO, ESCUCHA, COLABORACIÓN, COMPAÑERISMO, SOLIDARIDAD y RESPONSABILIDAD.

Se trata entonces de que cada grupo haga la "magdalena de su valor", teniendo en cuenta tres fases o partes:

- La masa madre de ese valor: ¿de qué está hecho ese valor? ¿Cuáles son sus ingredientes? Deben por tanto investigarlo.
- La fermentación de su magdalena del valor: ¿Cómo hacemos crecer ese valor para que realmente sea útil? ¿Cómo hacemos que crezca en nosotros, que suba?
- Compartimos el valor: ¿Cómo vamos a invitar a otros a que se alimenten de este valor? ¿Por qué es esencial en un menú de la vida?

En definitiva, se trata de construir una metáfora gastronómica de los valores, a partir de las magdalenas, y con ello alimentar a un mundo sediento de paz, hambriento de justicia, o desnutrido de solidaridad.

94. Moda justa y sostenible.

Entre toda la clase nos vamos a organizar para elaborar un catálogo de moda justa y sostenible para los jóvenes, con propuestas de comercios y lugares que cumplen con unos mínimos criterios de sostenibilidad medio-ambiental en la producción y distribución, además de criterios de comercio justo. Para ello antes tendrán que saber lo que es el comercio justo (conceptualización), además de sensibilizarse con los modos de producción poco éticos en el ámbito textil.

Podemos hacer el catálogo on-line si tenemos medios, incluso una presentación o desfile en el colegio, pero sin caer en los prototipos de belleza de las modelos, etc.

95. El periódico de noticias positivas.

Tras hacer una reflexión sobre el tipo de noticias que más "venden" en los medios de comunicación y con las que nos bombardean cada día (generalmente negativas y catastróficas), nosotros nos convertiremos en reporteros/as de buenas noticias, de noticias positivas que iremos buscando, grandes y pequeñas, y haremos un periódico, o bien un telediario de noticias positivas de forma periódica en el colegio.

En el caso de estar en un campamento o varios días de encuentro y convivencia, por ejemplo, podemos hacer *cada día un telediario-resumen de cosas positivas* que hemos visto que han pasado, y contarlas por la noche en la velada, tras la cena.

96. En busca del talento femenino histórico.

Los alumnos/as, agrupados en diferentes disciplinas, deben hacer una pequeña investigación de aquellas mujeres que han sido claves o sobresalientes en dichas disciplinas, pero sin embargo no han gozado de la popularidad que sí lo han hecho los hombres.

A partir de aquí reflexionaremos sobre la igualdad de género y la marginación histórica de la mujer. Se sugieren las disciplinas siguientes: ciencias sociales (pensadoras), compositoras de música, pintoras y escultoras, escritoras y científicas. Pueden agregarse más categorías.

97. Mejorando mi Huella Ecológica.

Cada alumno/a medirá su huella ecológica actual con una de las aplicaciones existentes en internet o para dispositivo smartphone. A partir de aquí elaborará un plan de mejora personal con acciones concretas a realizar para disminuir sus niveles de contaminación.

98. Nuestro libro de quotes.

Inspirados en frases célebres y quotes de pensadores/as populares, haremos nuestro propio libro o exposición de quotes para cambiar el mundo. Cada cual elaborará la suya propia, y debe estar relacionada con la construcción de un mundo más justo, solidario y habitable.

99. Profesiones y oficios con y sin valores.

En un primer momento cada alumno/a deberá indicar la profesión que le gustaría desempeñar el día de mañana. Una vez que tengamos todas estas profesiones, trataremos de agrupar a los alumnos/as por tipos de profesiones, o profesiones similares, y tendrán que hacer un cuadro comparativo en el que indicarán en un lado cómo actúa y se desempeña un profesional sin ética y sin valores, que sólo busca su beneficio personal, y en el otro lado, cómo actúa y se desempeña un profesional que ejerce su profesión con ética y desde los valores humanos, pensando en el bienestar del ser humano.

Es importante que lo ilustren con algunos ejemplos de casos prácticos que hayan salido en la prensa, buscando en internet.

100. Música y Derechos Humanos.

Entre toda la clase elaboraremos una selección de canciones que hagan referencia a los diferentes Derechos Humanos. Nos distribuiremos los mismos entre todo el aula (un derecho por alumno/a, aproximadamente). Utilizaremos esta lista para compartirla en redes sociales y con el resto del centro educativo.

101. Talento Solidario.

Cada alumno/a ha de elaborar un cartel anunciador de su talento, algo que sepa hacer muy bien, ofreciéndolo a quien necesite ayuda en ese aspecto, o desee aprenderlo. Pondremos todos los talentos anunciados en una cartelera visible del centro y entidad donde nos encontramos habitualmente.

Quien solicite los servicios de algún alumno/a y *sea ayudado por éste, ofrecerá a cambio una pequeña cantidad de dinero para un proyecto social del colegio*, con lo que al final el talento ofrecido y compartido revierte en valor social para otros.

102. Cosas que hacen que mi vida tenga sentido.

Cada cual compartirá 7 fotografías de 7 cosas (objetos personales, lugares, personas...) que hacen que su vida tenga sentido. Luego descubrimos qué valores hay detrás de esas cosas y en qué medida al final, lo que más sentido tiene para nosotros, es lo que representa valores humanos auténticos.

Para esta actividad pueden utilizarse los smartphones o tabletas, así como cámaras de fotos digitales. Cada cual puede preparar una presentación en power-point y exponerla.

103. Espectadores, Actores y Autores.

Una vez que los alumnos comprenden las tres actitudes Espectador, Actor y Autor, ante los retos y objetivos de la vida, harán un ejercicio de imaginar su futuro dentro de 20 años si han sido espectadores, actores y autores. Previamente explicaremos estas tres actitudes ante la vida:

- *Espectador/a:* se queda en su zona de confort, viendo lo que hacen los demás, sin actuar, sin criterio propio.
- *Actor/a:* asume un papel o rol social ya descrito por otros, o prescrito socialmente, y trata de hacer bien su papel.
- *Autor/a:* escribe el guión de su propia vida, no se conforma con los guiones estándar, trata de crear algo nuevo, de cambiar lo que no le gusta, de innovar.

Adicionalmente pueden indagar acerca de su actitud básica (espectador, actor, autor) en los principales roles que representan en su vida: hijo/a, alumno/a, amigo/a, ciudadano/a.

104. Decálogo del internauta responsable.

Los alumnos/as, organizados por equipos de trabajo, han de elaborar un decálogo del internauta responsable, relacionado con el uso responsable de internet, las redes sociales, etc.

Para ello deberán informarse sobre los aspectos de identidad digital, reputación on-line, uso responsable, sitios éticos y sitios no éticos, etc.

Al final pondremos en común todos los decálogos y trataremos de hacer un que resuma lo mejor y más necesario de todos. Haremos copias para todos los alumnos y les diremos que lo tengan siempre delante de su ordenador / computadora o dispositivos de acceso a internet, para recordarlo y ser más prudentes con lo que comparten, agregan o descargan en Internet.

105. Diseño de transportes alternativos.

Los alumnos/as, organizados por equipos, deberán hacer un estudio y diseño de viabilidad de transportes alternativos y no contaminantes en una zona determinada de su localidad o barrio.

Presentarán su idea-proyecto con un mural o maqueta. Incluso pueden enviar sus proyectos al alcalde o grupos políticos de su localidad.

106. Apadrinamiento socio-lector.

Cada alumno/a apadrinará a otro alumno/a de educación infantil o primaria del centro, al que facilitará durante el curso la lectura de cuentos sobre valores humanos y sociales. Conviene formarles previamente en capacidades de lectura animada de cuentos, mediante el ejemplo de un cuenta-cuentos profesional, por ejemplo. También pueden utilizar un poco de atrezzo, o elementos simbólicos en las sesiones de lectura.

107. Seis sombreros para cooperar.

Informaremos a los alumnos sobre el modelo de "6 sombreros para pensar" de Edward de Bono. Básicamente, cada sombrero se encarga de lo siguiente:

- Blanco: búsqueda de datos e información sobre la realidad.
- Azul: organización de la información y del pensamiento, marcos de referencia.
- Negro: objeciones, aspectos de riesgo o dificultades, posibles amenazas.
- Amarillo: aspectos positivos, fortalezas, elementos que favorecen, oportunidades.
- Rojo: emociones, motivaciones, pasión que ponemos en lo que hacemos.
- Verde: creatividad, innovación, nuevas formas de hacer las cosas.

Una vez que les hemos informado, les daremos 6 sombreros con los seis colores y tendrán que idear un proyecto de ayuda para responder a un problema social.

108. Si yo fuera... entonces sería.

Cada cual ha de hacer una descripción de sí mismo completando las siguientes frases incompletas acerca de elementos artísticos. Si yo fuera:

-Un cuadro...
-Un cuento...
-Una sinfonía...
-Un poema...
-Un libro...
-Una escultura...
-Una canción...

Más tarde, podemos poner en común estas frases incompletas por grupos de tres, para enriquecernos y comprobar cuán diversos somos.

109. La historia de mi barrio en clave de Derechos Humanos.

Vamos a hacer un desarrollo histórico de nuestro barrio o ciudad de residencia en clave de Derechos Humanos. Tendremos delante en todo momento, como marco de referencia, la Declaración Universal de los Derechos Humanos.

Buscaremos información sobre los principales acontecimientos históricos desde que tengamos constancia del inicio del barrio, zona o asentamiento geográfico, y de forma cronológica los iremos situando en un esquema o línea de tiempo, adjuntando las fotos y en general documentación que podamos conseguir en internet u otras fuentes.

Examinar los servicios y recursos relacionados con las necesidades básicas de los ciudadanos: salud, ocio y cultura, deporte, zonas verdes, transporte, educación, vivienda... También si hay personas excluidas y en situación difícil en cuanto a sus derechos y necesidades básicas.

Fijarse también en las calles, monumentos, fuentes, parques, jardines, edificios públicos... ¿Cómo se llaman y qué representan?

Habremos de fijarnos también en acontecimientos como la llegada de personas de otras culturas al barrio, la construcción de un centro comercial o supermercado (si es el caso) y cómo afectó a los pequeños comerciantes, si hubo algún conflicto serio o acontecimiento que marcó la vida y la historia del barrio, o si hay algún edificio emblemático o abandonado que alberga importantes claves históricas.

El final de este recorrido histórico es la situación actual de nuestro barrio o población: ¿Cómo están los Derechos

Humanos hoy? ¿Qué podemos hacer por mejorarlo, por cambiar la historia?

110. Mercatalento escolar.

Vamos a crear un mercado de talentos dentro del aula. ¿En que consiste? Consiste en que *cada cual va a hacer un anuncio en un papel de lo que saber hacer muy bien*, de aquello en lo que se considera experto/a, y la va a ofrecer a los demás, de tal forma que hagamos un "intercambio de servicios".

Por ejemplo, si yo "te tuneo el monopatín" porque soy experto en ello, tú "me compones un tono original para mi móvil", porque eres experta en ello. O bien, si tú "me dibujas una camiseta original" porque dibujas muy bien, "yo te hago unos pendientes y un colgante", porque se me da muy bien hacerlo, etc.

En el cartel del servicio que ofrece cada cual, debe aparecer una descripción detallada del mismo, así como las diferentes variedades o versiones que ofrece, la persona y forma de contacto, etc. Además debe ser llamativo y comunicativo, y tener un eslogan comercial, como por ejemplo: "Para esa ocasión, te compongo una canción", o bien, "En un ratín, actualizo tu monopatín".

También existe la posibilidad de "crear alianzas", es decir, dos o más personas, pueden unir sus talentos para ofrecer un servicio global o una cadena de servicios que aporte valor: por ejemplo, si un compositor/a, se alía con una experta/o en hacer bolsos originales, y con un experto/a en sonido y electrónica, y juntos ofrecen bolsos con música original.

Los productos no se pueden vender, sólo intercambiar unos por otros.

111. El juego de las identidades ocultas.

Seguramente recordarás el famoso concurso televisivo de hace años, llamado *Identity*. Si no, búscalo en internet e infórmate.

Hagamos dos grupos en el aula. La actividad consiste en que cada cual debe poner en un pos-it una cualidad o afición suya (sin poner su nombre) que los del otro grupo desconocen. Cuando los dos grupos tengan las cualidades-aficiones de todos sus miembros escritas en pos-it, se las intercambian y un grupo debe asignar a los miembros del otro grupo correctamente las cualidades escritas en pos-it. El otro grupo hará lo mismo. Gana el grupo que logre asignar más cualidades-aficiones correctamente.

Lo habremos pasado bien, y además nos conoceremos un poco más, es decir, nuestro yo público será más grande y nuestro yo privado será más pequeño (Ventana de Johary), y eso es bueno, muy bueno para el grupo.

112. Personas libres 3.0

¿Cómo llegamos a ser personas libres realmente? Vamos a descubrirlo. En realidad no se es persona de la noche a la mañana, ser persona implica un camino, un proceso en el que todos y todas estamos implicados. Como todos los caminos, hay paseos agradables y hay rampas y cuestas que requieren un gran esfuerzo en todos los sentidos. Fue el conocido y admirado psicoterapeuta **Carl R. Rogers**, quien se interesó más por lo que él denominó "el proceso de convertirse en persona", un proceso de *"auto-actualización"* permanente.

Es algo parecido al funcionamiento de los programas y aplicaciones informáticas: necesitan actualizarse para funcionar mejor y ser más eficaces, así como adaptarse a los nuevos requerimientos de los sistemas. Pues bien, desde el punto de vista social nos pasa lo mismo: necesitamos actualizar nuestro propio "human-ware" para ser mejores personas y más libres y autónomas.

Vamos a reflexionar un poco más sobre esto. En grupos de trabajo, vais a ser desarrolladores/as de una aplicación llamada "Personas Libres 3.0". Tenéis que definir lo siguiente:

- ¿Para qué sirve esta aplicación?
- ¿Qué requisitos del sistema socio-personal son necesarios?
- ¿Con qué virus nos podemos encontrar?
- ¿Qué necesitamos actualizar nosotros para ser personas más libres?
- ¿Cómo nos instalamos cada cual esta aplicación?

113. Los *caza-fakes* de las Gafas Newtrales.

Inspirándonos en la idea de la película "Los cazafantasmas" (1984), diremos a los participantes que van a ser los "Cazafakes" de la actualidad durante una semana. En esa semana, tendrán que indagar en redes y plataformas sociales para cazar las fakes o mentiras, y demostrar mediante una exposición por qué lo son.

Para ello utilizarán unas *Gafas Newtrales* con 3 + 3 claves por cada cristal (6 en total) que vamos a llamar así en referencia el equipo de profesionales de Newtral en España (www.newtral.es) dedicados a desenmascarar todo tipo de *fakenews*, y que, como indican en su web *Newtral Educación*, recomiendan estas claves para detectar y desenmascarar a las *fakes*:

1. *Los creadores de 'fake news' buscan que las compartas y tener más clicks.* Las llamadas "fake news" suelen

buscar manipular nuestras emociones, crear indignación, alarma o influir en tu estado de ánimo para que las compartas en redes sin pensar, y así conseguir más clicks.

2. *¿Quién es el autor de la noticia?* Las noticias falsas suelen tener su origen en páginas webs poco conocidas que tratan de hacerse pasar por medios de comunicación fiables.

3. *¿Qué fuentes respaldan la supuesta noticia?* Las noticias falsas suelen presentar el contenido sin citar ningún elemento, persona, estadística o fuente oficial que las avale.

4. *Lee más allá del titular.* A veces las noticias falsas describen acontecimientos ciertos pero con un titular que no es real, que es sensacionalista, exagerado y que busca que la compartas.

5. *Cuidado con los audios.* Desconfía si estos audios tratan de convencerte de algo sin pruebas y sobre todo, si lanzan mensajes que incitan al odio contra algún colectivo concreto. Si ves que intentan crear alarma difundiendo algún peligro inminente o cercano, trata de confirmarlo antes en los canales oficiales de las autoridades correspondientes.

6. *Las imágenes y los vídeos pueden ser muy traicioneros.* La desinformación a menudo cuenta con imágenes, capturas de pantalla o vídeos que han sido manipulados o sacados de contexto para que te creas las mentiras que los acompañan. Manipular o crear tuits o post falsos "capturados" de la pantalla también es muy habitual en las redes.

114. Ordenando nuestras actitudes.

Las actitudes son secuencias lógicas acerca de lo que pensamos, sentimos y hacemos respecto de algo o de alguien. Ese algo o alguien es lo que llaman los psicólogos "objeto de actitud". Los objetos de actitud son muy variados, pero con los niños y niñas conviene trabajar cosas que comprendan bien (actitud hacia un amigo/a, por ejemplo, que también puede ser Jesús) y que les ayuden a clarificar sus actitudes y a reforzar las que sean positivas y prosociales.

Además, *las actitudes tienen signo positivo o negativo*, no existe la posibilidad de la no actitud o la actitud neutra. Todo empieza en nuestra cabeza, en nuestro pensamiento, y de ahí genera sentimientos agradables o desagradables (depende de cómo pensemos de ese objeto de actitud), y comportamientos acordes con esos pensamientos y sentimientos.

El objetivo de la actividad es presentar a los niños y niñas unas tarjetas sueltas que pertenecen a frases que deben ser ordenadas de forma lógica según la secuencia PENSAR - SENTIR – HACER. Desde el principio no desvelaremos que consisten en actitudes, sólo les diremos que deben ordenar las frases de forma lógica.

Sugiero *trabajar tres actitudes hacia tres objetos de actitud muy conocidos y cotidianos* de los niños y niñas: los amigos, la escuela y colaborar / ayudar. De cada uno haremos la versión de actitud (+) y la versión de actitud (-), de forma que al final vean más claro y comprendan como *la forma de pensar (positiva o negativa) determina mucho cómo nos sentimos y nuestro comportamiento.*

Objeto actitud	Signo actitud	PENSAR	SENTIR	HACER
Amistad	Positiva	*Mis amigos y amigas son un regalo*	*por eso me siento genial cuando estoy con ellos*	*y les ayudo y aprecio como si fueran hermanos*
	Negativa	*Mis amigos y amigas son unos sosos*	*por eso me aburro cuando estoy con ellos*	*y prefiero quedarme en casa o jugar en solitario*

Estudios	Positiva	*Estudiar es bueno para crecer como persona*	*por eso, aunque me cueste, disfruto aprendiendo y estudiando cada día*	*y me planifico un tiempo cada día para hacer mis tareas*
	Negativa	*Estudiar es un rollo y una obligación*	*por eso me aburre y me desespera ir a clase*	*y procuro estudiar lo justo y en el menor tiempo posible*
Colaborar	Positiva	*Colaborar es necesario y nos hace más humanos*	*por eso disfruto y me siento bien ayudando*	*y siempre estoy disponible para echar una mano en lo que haga falta*
	Negativa	*Colaborar es un rollo y nos hace perder tiempo para otras cosas*	*por eso me enfado y me aburro cuando tengo que colaborar*	*y procuro escaquearme o evitar que me toque ayudar*

Actividades para personas adultas.

115. Si yo fuera ... me gustaría estar en ... y servir para ...

Vamos a elaborar unas tarjetas con dibujos o con palabras alusivas a una serie de objetos, de tal modo que estarán boca-abajo en el centro de la mesa, y de forma rotatoria, cada cual irá levantando una tarjeta, y según lo que le toque tiene que explicar a los demás: *Si yo fuera* (objeto), *me gustaría estar en* (lugar) *y servir para* (utilidad).

Ejemplos de objetos que podemos poner en las tarjetas: vela, llave, pelota, cafetera, pincel, caja de pinturas, escalera, cuerda, libreta, maleta, rueda, guitarra, árbol, etc.

A través de estos objetos, lugares y utilidades de los mismos, en realidad lo que vamos a compartir son nuestros valores, aspiraciones, sentido de la vida, y también vamos a activar nuestra imaginación.

116. El periodista interior y exterior.

Pedimos a cada cual que elabore *5 preguntas de una supuesta entrevista que le van a hacer en televisión*. Es para un programa relacionado con el tema o profesión o valor que nos ocupa en el grupo: el entrevistador, con el fin de facilitarnos la entrevista, nos ha pedido que le enviemos anticipadamente las preguntas que va a hacernos. Entonces estas 5 preguntas que a cada cual les gustaría que le hicieran en ese programa, responderían a *"Mi modo de ser como... maestra, vendedor, voluntario, enfermera, directiva, psicólogo...".*

Una vez que cada cual tiene escritas sus 5 preguntas en el cuaderno, ahora nos ponemos en parejas, y buscamos una persona lo más desconocida y diferente posible a nosotros en el grupo. Entonces se intercambian los cuadernos con las 5 preguntas y cada cual hace de entrevistador y entrevistado del otro.

De este modo tenemos la ocasión de compartir "nuestro modo de ser" con respecto a algo y de conocernos un poco más.

117. Las llaves de la libertad.

Llevaremos al grupo *una caja antigua tipo cofre llena de llaves antiguas* de todo tipo. Antes debemos pedir a varios amigos que nos den sus llaves antiguas que ya no usan, y hacernos al menos con una colección de 25 llaves.

Con cierto misterio *presentaremos el cofre como un tesoro que contiene las llaves de nuestra libertad* con respecto a esas cosas que nos atan y que se llaman "adicciones". Hay muchos tipos de adicciones: a sustancias, a personas, a lugares, a juegos, a hacer siempre lo mismo porque es lo que nos da seguridad, etc.

Ahora se trata de que cada cual piense en algo de lo que se quiere liberar, una adicción que en realidad le esclaviza o le hace daño, y coja una llave de la caja. Con esa llave debe imaginar que está ante una puerta: la puerta de la libertad. Pero debe atreverse a abrirla y desprenderse de su adicción, despedirse de ella. Como si fuera a irse para siempre de esa habitación, escribirá una carta de despedida a su adicción, y luego pensará en tres pasos claves, a modo de tres vueltas de cerradura, para tomar la decisión:

- Paso 1: reconozco que he sido adicto a esto y no me culpo por ello, me perdono y me abrazo, me quiero y aprecio.

- Paso 2: reconozco que esto no me ha hecho feliz y voy a ser más feliz saliendo por esa puerta, desatando todo aquello que oprime y no me deja ser yo mismo/a.
- Paso 3: no demoro más mi decisión, soy libre y nada ni nadie me puede atar, hay mucha vida que me espera tras esa puerta.

Al final del ejercicio, podemos compartir, no tanto las cartas y las adicciones, porque esas son privadas, sino más bien cómo nos hemos sentido.

118. ¿Por qué merece la pena levantarse cada mañana?

Vamos a sorprender a los participantes con el suelo del aula o sala de reunión lleno de fotos diversas que sugieran valores, aspiraciones, conflictos, metáforas, etc.

Formularemos esta pregunta: ¿Por qué merece la pena levantarse cada mañana? Cada cual debe pensarlo y coger una foto que lo exprese. Todo esto se hace en silencio, podemos poner una música suave de fondo.

Luego compartimos fotos y motivos para vivir, para levantarse cada mañana. Con todas las fotos y motivos podemos construir un decálogo de motivos para vivir, una historia de vida, etc.

119. El tupper de la vida.

Los *tupper* sirven para conservar alimentos y para llevarlos. Si hablamos de las cosas que nos gustaría conservar de nuestra vida, aquellas que llevaríamos en el tupper existencial, como quien lleva cada día su comida al trabajo ¿cuáles serían?

Reunidos en equipos, *daremos a cada equipo un tupper de plástico*, y en el mismo han de depositar en tarjetas de papel escritas, *aquellas cosas de la vida que les gusta conservar*, esas cosas que siempre querrían llevar con ellos a cualquier lugar.

Al final podemos hacer una puesta en común entre los diferentes equipos, o un intercambio de tupper, para ver en qué medida coincidimos en esas cosas importantes de la vida.

120. Basket del SER frente al TENER.

A cada equipo de personas le vamos a dar una pequeña pizarra reutilizable , o bien una hoja de papel, con el plano de un campo de baloncesto, tipo las que usan los entrenadores de basket para dar instrucciones y diseñar jugadas con sus equipos.

Cada equipo ha de idear una estrategia para ganar el partido del equipo del SER frente al equipo del TENER. Debe poner el nombre a los 5 jugadores del equipo del SER (los 5 valores humanistas) y los 5 jugadores del equipo del TENER (los 5 valores materialistas).

A partir de aquí han de diseñar tres jugadas maestras para lograr tres canastas del SER, así como otras tres jugadas para lograr una buena defensa de los jugadores del TENER. También han de responder a esta pregunta ¿Quién es el árbitro en nuestro partido cotidiano del SER frente al TENER? Ese árbitro ¿está dentro de nosotros (autonomía moral) o está fuera de nosotros (dependencia moral)?

Al final podemos compartir entre todos las mejores jugadas maestras, así como las alineaciones de jugadores, y vemos si hemos coincidido en los valores humanistas y materialistas.

121. Mi escudo identitario.

Damos a cada participante *una hoja con el dibujo de un escudo con 4 cuarteles*, pero en blanco. Cada cual ha de dibujar en cada uno de los cuarteles del escudo identitario cuatro símbolos de cuatro cosas o aspectos importantes para él/ella que le definan como persona.

Conviene tener varias cajas de rotuladores o pinturas de color para adornar los escudos y hacerlos más atractivos.

Luego podemos compartir los escudos y presentarnos cada cual a los demás. De este modo nos conoceremos un poco más. Es importante caer en la cuenta de qué valores personales han salido en los escudos, y si realmente los valores tienen un lugar clave en nuestra identidad.

122. Ideas y creencias zombie.

Las ideas y creencias zombie son aquellas que deberían estar bien enterradas porque ya son viejas y obsoletas, pero sin embargo, a veces hay personas que las resucitan y, como tales, se convierten en *ideas zombie* que nos hacen perder tiempo y nos suscitan temores irracionales. Podemos buscar más información en internet sobre "ideas zombie" para ilustrar previamente la actividad.

Ahora nos toca identificar las principales ideas zombie de nuestra vida, o nuestro trabajo, o nuestro equipo, para después darles una despedida o sepultura definitiva en nuestra realidad, mediante un gesto-compromiso de todo el equipo.

Podemos entonces, hacer un decálogo de nuestras principales "10 ideas-creencias zombie", y construir un mural en tamaño cartulina o A-3, con forma de lápida en el que pongamos lo siguiente: "Aquí descansan en paz nuestras 10 ideas zombie, que han pasado de nuestro mundo real o imaginario al mundo del silencio definitivo".

123. Historias con instrumentos musicales.

Llevamos al grupo-aula una variedad de instrumentos musicales de percusión escolar, como un pandero, maracas, triángulo, platillos, cascabeles, palo de lluvia, etc.

Decimos a cada equipo que han de crear un cuento-historia utilizando todos los instrumentos musicales y con la participación de todos los miembros del equipo. Dichos instrumentos pueden representar sonidos, personajes, emociones, etc. Hay que activar mucho la imaginación, cuanto más mejor. Deben poner un nombre original a la historia que van a crear e interpretar después.

Al final ponemos en común todos los cuentos y los representamos entre todos los miembros del equipo. Estaremos trabajando en equipo, comunicando simbólicamente y entrenando nuestra creatividad.

124. Adivina mi perfil.

Previamente a esta actividad, el facilitador/a pide a cada miembro del grupo que le envíe una foto suya que le guste y que le defina. Puede ser una foto en la naturaleza, con alguna afición deportiva, musical, etc. Algo así como la foto que elegiría para poner en su perfil de una red social.

Esta dinámica es ideal para grupos que no se conocen, o bien que todavía se conocen poco entre sus miembros y desean conocerse más.

A cada persona del grupo de damos una hoja de papel tamaño A4 y le decimos que la doble en 4 partes (primero por la mitad y luego otra vez por la mitad). De tal forma que nos van a quedar 4 ventanas o cuadrantes en la hoja. En esos cuatro cuadrantes A, B, C y D, cada cual va a poner una cosa en cada uno, en concreto lo siguiente:

- A. Una ciudad que no conoces, y que te gustaría conocer.
- B. Una persona famosa a la que te gustaría conocer y hablar con ella.
- C. Algo que te guste mucho hacer habitualmente, con lo que más disfrutas.
- D. Lo que tú crees que puedes aportar a este equipo o empresa.

Cuando están rellenos, ponemos todos los perfiles en un sitio visible, recogiéndolos en un montón el facilitador/a para que no se vea a quién corresponde cada perfil, y también ponemos en otro sitio visible todas las fotos de todos, que previamente han enviado o que cada cual ha traído a la reunión.

Ahora invitamos a cada cual a *coger un perfil de otra persona que le haya llamado especialmente la atención*, y debe *buscar después la foto de la persona* que cree que se corresponde con ese perfil. En este proceso habrá aciertos y errores, se trata de que al final podamos asociar todos los perfiles a sus fotos correctas y los dejemos durante un tiempo en un lugar visible de nuestro espacio de trabajo.

125. La receta de un elogio.

Una de las formas que tenemos de practicar las "bendiciones" (lo contrario a maldecir) en grupo es hacer lo que yo denomino la "receta de un elogio", muy recomendable cuando se trata de reforzar comportamientos positivos o habilidades y virtudes en los demás. Esta receta de un elogio consiste en los siguientes ingredientes:

1. Describimos al otro exactamente el comportamiento o cualidad suya que nos ha gustado, con detalle.
2. Decimos por qué es importante ese comportamiento o cualidad (valores nutritivos y vitaminas).
3. Aderezar con una sonrisa, un gesto de afecto y abundante estima.
4. Dejar 3 segundos a fuego lento en el corazón del otro.
5. Animar y alentar el comportamiento: listo para repetir.

Ahora hacemos papeletas con los nombres de todas las personas del grupo, las doblamos y metemos en una bolsa o caja. Cada cual coge una papeleta (si le sale su propio nombre la vuelve a meter en la caja y coge otra), y ha de preparar una receta de un elogio a la persona que le ha tocado. Una vez que tenemos las recetas preparadas, cada cual dice su elogio en público a quien le ha tocado.

126. El espejo inconsciente.

Dividimos el grupo en dos mitades. Si el número es impar, el animador/a participará como uno más. Una mitad se va fuera, y espera instrucciones para entrar. A los que quedan dentro, que serán los "escuchadores", se les dice que les vamos a emparejar con cada uno/a de los que están fuera, y que les pregunten sobre lo que hicieron el pasado fin de semana, con todos los detalles que puedan.

Los escuchadores han de imitar, sin que sea muy exagerado y se den cuenta los que hablan, sus gestos faciales y corporales: movimiento de manos, postura, movimientos de cabeza, reírse si se ríen, etc.

Al final de las entrevistas, *se les preguntará a los habladores cómo se han sentido en la entrevista*. Lo normal es que digan que se han sentido muy bien, ya que el reflejo verbal, rítmico y postural nos hace que conectemos mejor con los demás, y que nos sintamos más sintonizados, como puso de relieve Flora Davis, experta en comunicación no verbal, en sus investigaciones.

También podemos *dar la consigna a dos o tres escuchadores de que permanezcan impasibles escuchando, sin hacer ningún gesto*. En este caso, los habladores se sentirán generalmente incómodos y confusos cuando nos den su feed-back de la entrevista.

127. Sentimientos de plastilina.

Damos a cada participante un trozo de plastilina y le pedimos que, de modo libre y creativo, moldee un conflicto o problema que haya vivido, que haga una especie de metáfora del mismo en plastilina. *No se trata de contar el problema, sino de expresarlo con una metáfora.*

Cuando todos tienen su imagen hecha, podemos compartirlas en gran grupo (las imágenes, no los detalles del conflicto o problema), si es un grupo maduro y con confianza, o bien podemos compartirlas en parejas o grupos de tres.

Al final comentamos cómo nos hemos sentido expresando un problema interior con nuestras manos. Es importante recalcar que la plastilina conecta enseguida con nuestro yo infantil, nos traslada al aula de primaria, y es bueno que ese yo niño se exprese también y salga hacia fuera, ya que muchas veces lo reprimimos en el interior. También es importante señalar que generalmente nos cuesta poner palabra a nuestros sentimientos y conflictos profundos, y de este modo es más fácil comunicarlos y sacarlos hacia fuera.

Es posible que algunas personas se emocionen con esta actividad, llegando a llorar. No hay por qué alarmarse, se toma como una expresión natural de una emoción y se apoya con empatía y comprensión.

Como *segunda parte del ejercicio*, ahora podemos deconstruir la metáfora anterior y *construir con la misma plastilina la solución del problema*, de este modo activaremos nuestra creatividad y tendremos una imagen-ancla interior que nos ayudará en el compromiso personal por resolverlo.

128. Saliendo de mi zona de confort.

Decimos a cada participante que se tome tiempo para escribir una lista con todas las tareas importantes que has de realizar en los próximos 10 días. Una vez que las tiene escritas, las dividirá en dos grupos:

- Grupo A: tareas que me encanta hacer y no me cuesta nada hacerlas, estoy deseando hacerlas.
- Grupo B: tareas que me suponen un esfuerzo extra de motivación para hacerlas, que preferiría incluso no tener que hacer o busco excusas para no hacerlas.

Ahora les plantearemos estas tres preguntas sobre sus grupos de tareas a cada cual:

- *¿Qué valores subyacen a las tareas del grupo A y del grupo B? ¿Hay diferencias significativas?*
- *¿Qué tienen las tareas del grupo A que te cuesta menos hacerlas o estás deseando hacerlas?*
- *Si hacemos una jerarquía de los valores importantes que mueven nuestra vida, ¿Cómo ordenaríamos la prioridad de nuestras tareas?*

El listado de tareas A está *en nuestra zona de confort*, y el listado B es *nuestra zona de reto*, la que desafía constantemente a nuestros valores y nuestro compromiso, la que nos pone a prueba ante la vida.

Finalmente, les sugerimos volver a la lista de tareas del grupo B, las que más nos cuesta hacer porque están en la zona de reto o desafío y exigen salir de nuestra zona de confort. Les pedimos que identifiquen un par de tareas, tal vez las que más les cueste hacer, y establecer los tres pasos siguientes:

- Paso 1. *Identificar el valor principal que subyace a esa tarea*, aquél por el que merece la pena levantarse y vencer la pereza, aquél que nos ayudará a desatar los nudos que nos amarran al puerto de la comodidad. Este valor será el timón de nuestro barco, aquello que nos mantendrá en el rumbo.
- Paso 2. *Visualizar el éxito de la tarea*, vernos ya en la meta habiendo realizado la tarea y saboreando la satisfacción por el esfuerzo, viendo a otros satisfechos si hemos hecho algo por ellos. Esto nos motivará más a realizarla, la visualización previa es una destreza mental clave en muchos profesionales de éxito y deportistas de élite.
- Paso 3. *Utilizar el valor como ruta y palanca de salida*. En este sentido no se trata tanto de decirse a sí mismo "tengo que hacer esto…", sino más bien "voy a ser responsable, solidario, amable…".

129. Cuando yo estoy … y tu estás … entonces ocurre …

Asignamos a un dado 6 funciones relacionadas con los 6 estados emocionales básicos:

1 = alegre, divertido/a
2 = triste, decepcionado/a,
3 = enfadado, violentado/a
4 = aburrido/a, cansado/a
5 = asombrado/a, sorprendido/a
6 = relajado/a, tranquilo/a

La dinámica consiste en que cada cual tira el dato una vez y lo que le salga es "cuando yo estoy", luego vuelve a tirar otra vez, y lo que le salga es "y tu estás", y continuación debe explicar a los demás lo que ocurre en una supuesta situación en la que el "tu" es un amigo/a, la pareja, compañero de trabajo, etc.

Se trabaja aquí de alguna manera la dinámica de las *posiciones existenciales* del Análisis Transaccional (E. Berne): Yo estoy bien / Yo estoy mal / Tú estás bien / Tú estás mal, y las 4 combinaciones de Yo y Tú. Obsérvese que hay tres emociones agradables (alegría, asombro y tranquilidad) y tres desagradables (enfado, tristeza, desgana).

De aquí que pueden surgir muchas combinaciones y situaciones en la vida. Lo importante es el "entonces ocurre", que implica *cómo gestionamos cada situación, qué hacemos al respecto*, ya que muchas veces el "cómo estoy yo" y "cómo estás tú" no se puede elegir, pero sí el qué hacer entonces.

130. Los papeles arrugados de mis relaciones.

Necesitamos un rollo de papeles cebolla, tipo del que se usa para hacer en el horno las pizzas. Vamos sacando papeles y haciendo pelotas con ellos arrugando bien cada papel, y a cada grupo-equipo le damos una pelota de papel, sin decir nada de lo que vamos a hacer.

A continuación decimos a cada equipo que debe tratar de dejar su papel lo más liso posible, deshaciendo la pelota, y con las menos arrugas posibles. Podemos incluso decir que es un concurso a ver quién deja su papel lo más liso posible.

Tras esta tarea, les hablamos de que a veces las relaciones humanas e interpersonales también se nos arrugan, y necesitamos la misma paciencia y calma que hemos tenido para desarrugar nuestros papeles.

Una vez que han caído en la cuenta de ello, nos ponemos en grupos, y cada grupo a de elaborar un sencillo *manual de instrucciones o pasos prácticos para desarrugar una relación interpersonal arrugada*. Escriben dicho decálogo en el mismo papel cebolla que han desarrugado, y luego hacemos una exposición pública de todos los manuales.

131. Cosas que regalar, que conservar y que reciclar.

Llevamos al aula o grupo tres recipientes con la siguiente función cada uno:

1. *Una papelera:* en ella vamos depositar todas aquellas cosas que queremos reciclar o desechar de nuestra vida, o de nuestro equipo, bien porque son tóxicas, o bien porque ya no son útiles, como la envidia, la competitividad, el malhumor, etc.
2. *Una caja de regalo:* en ella vamos a depositar todas esas cosas que nos gustaría regalar a los demás, como una sonrisa, un abrazo, nuestro tiempo, etc.
3. *Un tupper de conservar alimentos:* aquí vamos a depositar todas aquellas cosas de nosotros y del equipo que nos gustaría conservar y llevar siempre encima, como la motivación, el esfuerzo, la escucha, etc.

Damos a los participantes pos-it y rotuladores, y decimos que cada cual deposite en cada recipiente tres cosas para desechar, regalar y conservar.

Después podemos ir sacando las cosas de los recipientes y reflexionar sobre ellas entre todos.

132. El masterchef de los problemas interpersonales.

Elaborad en equipo una receta para solucionar un conflicto interpersonal (entre dos personas) en el ámbito vuestra labor o trabajo. ¿Cómo? Pensad en un conflicto interpersonal cualquiera que haya vivido una persona del equipo y lo haya solucionado con éxito, anotando las claves de solución del mismo (¿cómo actuaste, qué dijiste, que hiciste realmente, en qué orden...?), y una vez extraigáis esas claves, ponedlas en modo receta práctica para aplicarlas a un conflicto que podría surgir con un compañero/a o con cualquier persona.

133. El enunciado de mi misión personal.

En el libro *"Los 7 hábitos de la gente altamente efectiva"* Stephen Covey nos invita a escribir el enunciado de nuestra misión personal en la vida, como principio de toda agenda, programación o compromiso. Te invito a pensar y escribir en una hoja este enunciado, completando estas 5 frases, y explicando luego qué aportan cada una de ellas a tu trabajo o tu vida, o bien el rol profesional o de otro tipo que elijas:

- *Yo he venido a este mundo para...*
- *Los tres valores esenciales que orientan mi vida son...*
- *Una frase que resumiría mi vida en un epitafio sería...*
- *No dudo en comprometerme cuando...*
- *Mañana me gustaría leer en los periódicos que...*

Tras estos enunciados, podemos compartirlos con los demás y explorar en que medida compartimos una serie de valores importantes.

134. Nuestras claves de acceso interpersonal.

Cada cual escribirá en un papel cuáles son sus claves de acceso interpersonal, para compartirlas con el resto del equipo: *el objetivo es mejorar nuestra relaciones humanas en equipo y mejorar nuestra accesibilidad con los otros*, así como prevenir algunos conflictos.

Recomiendo hacer algo así como: *"Para conectar y trabajar mejor conmigo, me gusta que hagáis lo siguiente..."*. Es importante compartir *claves concretas* como: horarios preferidos de llamadas, preguntarme qué tal me va y no sólo por la tarea, valorar mis logros y fortalezas y no sólo mis debilidades, decirme determinadas cosas en privado, etc.

135. La cafetera de los procesos.

Todas las cafeteras italianas suelen tener tres espacios o compartimentos: el depósito de agua, el filtro y el vaso superior donde se deposita el café ya filtrado. Jugando con ello podemos hacer múltiples dinámicas tipo proceso con una cafetera.

En el depósito tiene que haber agua, pero también una fuente de energía calorífica que haga hervir ese agua: un contexto que propicie que las moléculas de agua comiencen a agitarse. El agua simboliza todo aquello que luego se mezclará con el filtro (café molido) y aportará valor en el servicio a otros. En función del proceso que deseemos trabajar, ¿cuál será el contexto? (el dónde y con quién), ¿qué representa el agua y cómo se van calentando y agitando sus moléculas? ¿Qué ponemos en el filtro: valores, creencias, objetivos...? ¿Qué representa el producto final, el café mezclado con el agua y cómo nos alimenta, ¿aporta valor o sirve a otros?

136. Escenas del azar.

Se reparten *tres objetos al azar entre los tres participantes en la escena, quienes han de inventar una historia-situación con dichos objetos.* La dramatización puede incluir variaciones o instrucciones como el lugar donde se encuentran, hacia dónde van, la hora del día que es, la estación del año, la emoción que sienten en ese momento, etc.

Estas instrucciones para la improvisación / dramatización de los tres actores no sólo las puede dar el facilitador, también puede invitar al público, alumnado, grupo, a que defina dichas coordenadas de la situación en función de lo que se quiera trabajar o aplicar.

137. Cuerdas y mosquetones.

Facilitamos a cada participante un trozo de cuerda resistente, de un metro aproximadamente, y un mosquetón de aluminio.

En equipos de 5 personas, con sus 5 cuerdas y 5 mosquetones, han de idear un dispositivo de seguridad para una persona, tipo arnés, que sea capaz de sostener a una persona, y demostrarlo.

Luego haremos equipos de 15 personas, para mejorar y diseñar un dispositivo mejor que los de los equipos de 5 personas, más completo e innovador. Comentaremos las impresiones y reflexiones al respecto.

Finalmente, todo el grupo grande, ha de construir un dispositivo tipo camilla, con todas sus cuerdas y mosquetones, para trasladar con seguridad a una persona herida.

Comentaremos al final nuestras impresiones y reflexiones igualmente.

Podemos terminar la dinámica haciendo una reflexión de lo que significa ser "cuerda" y ser "mosquetón" en el trabajo en equipo: ¿Qué representan ambas cosas complementarias? Si te sirve de pista, yo suelo decir que el mosquetón representa los principios y valores esenciales, los "anclajes" psico-sociales, y la cuerda representa los "comportamientos", lo que hacemos, de tal forma que ambos se necesitan mutuamente para crear una gran red de colaboración.

138. Enciende una estrella.

El objetivo de esta dinámica es *encender una estrella por aquellas personas que han brillado especialmente en nuestra vida*, que han sido significativas para nosotros. Hacer visibles a esas personas, traerlas a nuestra memoria.

Cada persona del grupo hará *con papel una estrella de 5 puntas.* Si buscamos en internet cómo hacer una estrella de papel de 5 puntas, veremos cómo doblar el papel y cortarlo para que al desdoblarlo nos quede la estrella perfecta.

En el centro de la estrella escribiremos el nombre de la persona cuya luz deseamos que ilumine nuestra vida y así recordarla y recordar sus cualidades, virtudes o valores que hoy nos ayudarán a nosotros a inspirar nuestras vidas. *En cada una de las 5 puntas de la estrella*, escribiremos por tanto, las *5 cualidades o virtudes de esa persona* importante para nosotros.

Una vez que cada cual tiene su estrella con su persona de referencia y las cinco cualidades, es el momento de *compartir nuestras estrellas con todos* y de este modo enriquecernos con esas historias, cualidades y virtudes de otras estrellas, y ver si hay rasgos comunes en las mismas, que seguro los habrá.

Al final con todas las estrellas podemos hacer *un gran mural sobre papel azul oscuro o negro*, siendo las estrellas de color blanco, para simboliza *nuestro firmamento de valores y virtudes* representados en esas personas que brillaron y siguen brillando, hoy todavía más, en nuestras vidas.

139. Qué huella quieres dejar?

Vamos a hablar con nuestros participantes de ese deseo que solemos tener todos de "dejar huella" en el mundo, en los demás, etc. En todo ello va nuestro propósito vital y nuestro sentido de la vida.

¿Qué huella te gustaría dejar en este grupo, en este encuentro, en este mundo? La dinámica consiste en *imprimir la huella de nuestro pie* en una cartulina, hoja grande o papel continuo, con pintura de dedos. Para ello lo haremos con nuestros pies descalzos. Si no tenemos pintura de dedos, podemos hacerlo dibujando la silueta de nuestro pie con un rotulador. Si el hecho de descalzarse en el aula o la sala no lo vemos factible o los participantes muestran resistencias a esta parte de la actividad, podemos pedir que cada participante traiga la huella impresa de su casa, o bien *tener una zona más o menos privada y preparada* donde cada cual va, se descalza un pie, imprime su huella, luego se lava el pie y vuelve a la sala.

Cada cual elige el color de su huella, en función del tipo de huella que desea dejar: tendremos un conjunto de pintura de dedos con varios colores para poder elegir.

Una vez que tenemos todas las huellas, cada cual pondrá la suya en el lugar o mural compartido y la etiquetará con un nombre: la huella del amor, la huella ecológica, la huella de la familia, etc. Cada cual pondrá el nombre a su huella según el tipo de huella que desee dejar en el mundo.

Al final todos y todas compartiremos nuestras huellas, y valoraremos qué tienen en común dichas huellas en cuanto a valores, sentido de la vida y propósito personal. También podemos valorar en qué medida lo que hacemos y cómo vivimos en el día a día, está realmente alineado con la huella que se quiere dejar.

Es importante distinguir en la reflexión posterior entre la *huella cuantitativa* (amplitud de la huella) y la *huella cualitativa* (profundidad de la huella). En este sentido no se trata de dejar una huella muy grande en el mundo (como pretenden hacer algunos políticos y poderosos), sino una huella realmente buena y profunda, que es la que perdura y ayudará a las generaciones venideras.

En la actualidad hay huellas que son claves y podemos comentar también: la huella ecológica, la huella digital en las redes sociales, la huella social en un mundo global.

140. Los papeles grupales.

Hay muchos tipos de papeles y para muchos tipos de usos, de modo que vamos a plantear a nuestros participantes que elijan, entre una muestra de diferentes tipos de papeles (de regalo, de lija, de escribir, transparente, de dibujar...), con qué papel (rol) se identifican más en este grupo y por qué, haciendo una *metáfora del rol que representa cada tipo de papel en un grupo*.

También les podemos pedir que digan qué papel les gusta más y cuál les gusta menos, qué papeles han visto y cuáles no, qué papeles ayudan a construir grupo o relación humana, y cuáles no, etc.

Pensando en todos estos papeles, yo propondría algunos de los siguientes (no es necesario que sean todos) en una sesión de trabajo y reflexión:

- *Papel de escribir en blanco*. Es un papel en blanco, y sobe el se puede escribir o dibujar lo que se quiera. Puede simbolizar muchas cosas: libertad de hacer, o ausencia de información en el rol, etc.
- *Papel de escribir pautado o cuadriculado*. A diferencia del anterior, el papel pautado o cuadriculado implica menos libertad y creatividad, cosas que ya están predefinidas, organizadas y pautadas de antemano, unos límites de los que no podemos salirnos.
- *Papel de acetato transparente*. Este papel es resistente y flexible, difícil de romper. Al ser transparente, puede simbolizar transparencia y sinceridad.
- *Papel de celofán en color*. Es un papel que lo hay en diversos colores, y por ello puede significar la capacidad de ver las cosas en color, con diferentes filtros.
- *Papel seda*. Es un papel muy suave, no pesa mucho, hace un ruido agradable al tacto. Puede simbolizar la suavidad, delicadeza y tacto en las relaciones.
- *Papel de lija*. Es un papel que se utiliza para lijar superficies, y pude simbolizar el limar asperezas, pero también es abrasivo.
- *Papel de fieltro*. Es un papel que se utiliza para suavizar las superficies, de tapete o mantel, y también para hacer disfraces o vestidos.
- *Papel de regalo*. Es el papel por excelencia para hacer regalos y detalles a los demás, puede simbolizar la importancia de los detalles, elogios, cumplidos, la necesidad de celebrar en grupo.
- *Papel de aluminio*. Es el papel de la conservación de los alimentos, y puede simbolizar un rol de conservar las

cosas importantes del equipo y las personas, los valores y motivaciones, nuestros sentimientos.
- *Papel de cocinar*. Es el papel que se utiliza para poner las pizzas y las quiches en el horno, por lo tanto aguanta muy bien las altas temperaturas, y nos ayuda a sostener mejor la masa madre en los entornos de alta temperatura emocional, por ejemplo.
- *Papel antiguo o pergamino*. Es el papel donde se escriben las cosas importantes, los principios, las grandes frases y valores, las cosas valiosas o tesoros.
- *Papel burbuja*. Es el papel que se utiliza para envolver cosas y protegerlas, nos aproxima pues a un rol de protección de las personas, protección emocional...
- *Papel de cocina*. Es el papel de limpiar los restos, las cosas, también sirve de servilleta, incluso de pañuelo...

La tendencia inicial, a la hora de reflexionar sobre los distintos papeles en un grupo o en una relación interpersonal, *es a dividir los papeles en buenos y malos*. Pero esta simple división nos hace ser muy limitados en nuestras opciones, porque deberíamos *caer en la cuenta de que todos los papeles pueden tener su versión buena y positiva y su versión no tan buena y disfuncional.*

El papel de lija puede servir para arañar, pero también puede servir para alisar y allanar los caminos de las relaciones humanas, o para limar asperezas, o para lijar los viejos barnices emocionales de las relaciones. El papel de envolver regalos puede servir para envolver cosas buenas, peor también sabemos que hay regalos envenenados tras un envoltorio aparentemente bonito.

La clave de todo esto es lo que llamo yo la *dimensión ética del rol*: todo rol puede ser prosocial o antisocial, y eso depende de cada cual y su integridad moral. Bien, pues además de identificarnos con algunos de los papeles, podemos *plantear a los participantes este ejercicio de identificar la dimensión prosocial y la dimensión asocial de cada tipo de papel.* También será interesante que caigamos en cuenta de que *la diversidad de papeles es buena para trabajar juntos* y desarrollar proyectos.

141. Cajas de experiencias.

Ahora se han puesto de moda esas cajas de experiencias para regalar: regalar experiencias como un fin de semana en un hotel con encanto, una cena romántica, un viaje especial, etc. Son cajas que se compran y se regalan a alguien para que la cambie por ese viaje, o elija el tipo de lugar al que quiere ir.

Una opción es *solicitar que cada participante traiga al aula una caja vacía con una experiencia escrita dentro* de la caja, y la caja (mejor reciclada) decorada por fuera como quieran, acerca de algo que le gustaría hacer o vivir, que sea una experiencia especial. Dejaremos todas las cajas en un lugar o en el centro de la sala, y *cada cual irá cogiendo una caja que no sea la suya* y que le llame la atención para descubrir la experiencia que hay dentro, y al final tratar de adivinar a quien corresponde esta experiencia y comentar entre todos cómo nos las podemos regalar o hacer realidad.

También podemos lleva al aula una serie de cajas etiquetadas fuera con el nombre de un valor importante (varias cajas con varios valores) y dentro con posit o tarjetas los participantes irían escribiendo cómo se pueden materializar esas experiencias, en concreto qué podemos hacer para hacer real esa experiencia. Podemos hacer equipos, a cada equipo le damos una caja, y trabaja el cómo hacer que ese valor sea posible como experiencia, cómo nos lo podríamos regalar dentro de este grupo u organización.

142. La bandeja del servicio.

Llevaremos al aula *una bandeja redonda de servir* (tipo camarero) que simbolizará estar al servicio de los demás, ponerse al servicio de otros, poner nuestras cualidades y talentos en bandeja para otros.

La podemos utilizar en un primer momento *para presentarnos* si todavía no lo hemos hecho, o bien para presentarnos de otro modo. Utilizaremos esta fórmula: *"Me llamo … y sirvo para …"*, de modo que *cada cual irá aportando una cualidad o habilidad especial* al grupo. Al tiempo que lo decimos podemos haberlo escrito en una tarjeta e ir depositando las tarjetas en la bandeja del servicio, que al final simbolizará todo aquello que podemos poner al servicio de los demás, del grupo o equipo.

También podemos hacer una *bandeja de talentos* que aportamos al proyecto que tenemos en común: ¿Cuáles son nuestros talentos como equipo y de qué modo los ponemos al servicio del mismo?

Es importante plantearnos tres preguntas desde la bandeja del servicio, para guiar la reflexión en torno a la misma:

1. *¿Para qué servimos?* Todo servicio tiene un objetivo o finalidad, y es importante identificarlo. El servicio suele estar alineado con una misión y unos valores.
2. *¿A quién servimos en realidad?* Es importante clarificar al servicio de quién estamos, porque no es lo mismo estar al servicio de los poderosos que estar al servicio de los más desfavorecidos. También podemos añadir la pregunta ¿A quién no servimos que podríamos servir?
3. *¿Cómo servimos?* Los buenos camareros y camareras están atentas a los clientes, son ágiles, etc. No se puede servir de cualquier manera, y por ello debemos

plantearnos si nuestro servicio precisa de unas capacidades y competencias para que sea un servicio de calidad.

Para terminar, podemos *animar la reflexión final con algunas conocidas frases* sobre el servicio: "Quien no vive para servir no sirve para vivir" (Teresa de Calcuta), "En todo amar y servir" (Ignacio de Loyola) y "Saber más para servir mejor" (Vicente de Paúl).

143. Los platos rotos de nuestra vida cotidiana.

¿Quién no ha roto un plato en su vida? Es una expresión muy castellana con la que podemos iniciar esta dinámica. Se trata en definitiva de *trabajar esta metáfora que significa que las relaciones a veces* (sobre todo se atribuye a relaciones domésticas de familia o pareja) *se rompen como se rompen los platos*, y luego cuesta mucho pegar esos trozos y volver a recomponerlos. Es más, *generalmente cuando se rompe un plato lo que hacemos es tirarlo a la basura* y usar uno nuevo: vivimos en esta *sociedad del usar y tirar*, y esto a veces se ve también en el tipo de relaciones que establecemos con los demás.

En *situaciones límites de tensión y conflicto interpersonal*, algunas personas tiran el plato con fuerza al suelo y lo rompen, como llamada de atención y signo de "no aguanto más". Otras veces se nos cae y rompe sin querer.

Bien, vamos a dar a cada equipo un plato de cartón (reciclado) partido con tijeras en 5 trozos, ni iguales, de forma aleatoria pero teniendo en cuenta que hay que escribir una palabra en cada trozo de plato. Tienen que pensar en una realidad que se rompe: una ruptura familiar, una ruptura personal interior, una ruptura de un equipo, una nación o país, un barrio, etc.

Les decimos que *en cada trozo de plato han de escribir una palabra-tirita o palabra clave que sirva para pegar ese plato*, para recomponer esa realidad rota o fragmentada. Lo que saldrán serán valores y virtudes clave para volver a recomponer esa realidad fragmentada. Le daremos a cada equipo un rollo de cinta adhesiva de pintor (es de papel y se corta bien) para que vaya pegando los trozos de su plato entre sí a medida que encuentran las palabras clave.

También nosotros podemos *definir previamente las situaciones que tienen que recomponer*, por ejemplo si queremos trabajar determinados valores: la amistad rota, el compromiso roto, la esperanza rota... Entonces cada equipo trabajará un valor y sobre cómo recomponerlo con esas palabras clave (comunicación, aceptación, perdonar, autoconocimiento, etc.).

Al final *cada equipo mostrará su plato ya pegado, con las 5 palabras-tirita anotadas en el mismo*, y nos contará cuáles son, de modo que todos aprenderemos de todos. Podemos al final, con todos los platos, hacer una exposición y ponerle un título sugerente que evoque o inspire siempre la posibilidad de arreglar los platos rotos de nuestra vida. Se me ocurre a brote pronto este: "No tires a la basura tus platos rotos, dale una segunda oportunidad a las relaciones humanas, a tu vida, a tus sueños, etc.".

144. Colador, cazuela y batidor: ¿cómo escuchamos?

Llevaremos al aula tres objetos muy característicos en una cocina: un colador, una cazuela y un batidor (el típico para batir el huevo con mango de madera y alambres doblados). Les diremos que hay tres tipos de escucha cuando alguien nos cuenta algo:

1. *Escucha colador.* Es la escucha en la que vamos buscando lo esencial, y por tanto ponemos más atención en los datos relevantes o palabras clave. Puede ser interesante para procesos de ayuda donde vamos buscando el origen de un problema, o procesos de investigación orientados por variables definidas previamente. Dichas variables son el colador que va a retener un tipo de datos y va a dejar pasar otros no relevantes en ese momento.

2. *Escucha cazuela.* Cuando se trata de escuchar vivencias y experiencias vitales, o bien la reconstrucción fidedigna de un hecho, o una descripción de un lugar, necesitamos hasta el último detalle para poder comprender bien todo el cuadro. En este caso conviene disponer, además del oído humano, de algún soporte adicional o más personas que nos ayuden a captar todos los datos o toda la información.

3. *Escucha batidor.* La escucha batidor me parece la más difícil, pero al tiempo la más inteligente y necesaria cuando se trata de resolver problemas de forma rápida o dar pautas eficaces ante un problema para resolverlo. La persona de escucha batidora, al tiempo que va captando información, va generando soluciones y propuestas para su interlocutor. Es también la escucha de los procesos creativos: pintar un cuadro mientras escuchamos una música o escribir una novela que se desarrolla en el lugar en que estamos ahora, escuchando lo que pasa alrededor, los ruidos y sonidos. Esta capacidad de crear algo nuevo con lo que vamos escuchando, viendo, sintiendo, es muy importante también para procesos de terapia y de desarrollo personal.

A partir de esta exposición, haremos varios equipos de trabajo, mínimo de 4 personas, y cada equipo habrá de trabajar lo siguiente acerca de esta metáfora:

1. ¿Qué tipo de escucha es más eficaz para según que cosas? Poned algunos ejemplos ¿Cuál utilizamos más y cual menos?
2. Preparad una dramatización de una situación en la que alguien esté contando un problema y haya claramente tres tipos de escuchadores: un colador, un cazuela y un batidor.

Al final ponemos en común las conclusiones de cada equipo y *representamos las diferentes dramatizaciones* que han preparado, tratando de *adivinar el resto del público*, por su forma de escuchar, *quién es el colador, el cazuela y el batidor*. Lógicamente para ello, han de intervenir en la conversación reformulando y comportándose cada cual según su rol de tipo de escucha.

145. ¿Nos pringamos?

Haremos esta dinámica con espuma de afeitar. Llevaremos al aula un bote de espuma blanca de afeitar: el educador/a se untará con la espuma la cara y las manos, y a partir de entonces dirá que "hoy vamos a pringarnos". Acto seguido se dirigirá a uno de los participantes, le saludará por su nombre y le dará la mano y dos besos.

Todos observarán cómo reacciona este participante, si se quiere pringar o no, y poco a poco invitará a todos los "pringados/as" a que vayan pringando a los demás, utilizando el resto de espuma de quien le ha pringado, o también echándose de nuevo espuma del bote. Conviene decir que sólo puede echarse espuma del bote y pringar a otros quien ya ha sido pringado por otra persona.

El facilitador/a irá observando bien todo lo que ocurre para devolverlo luego en la reflexión final. Pero conviene tener en cuenta al menos tres cosas:

1. *El facilitador/a no va a obligar a pringarse a nadie*, no lo hará con quien no quiera. Simplemente invitará amablemente, persuadiendo un poco, a pringarse a alguien con el saludo. Pero observaremos cómo puede haber gente que pringará a otros sin pedirles permiso, de forma brusca y obligada.
2. *De entrada, a la gente le cuesta pringarse, pero una vez que lo hacen, se animan y se apuntan a pringar a otros.* Además en cuanto uno o dos empiezan, ya se van animando más.
3. *Llevaremos algunas toallas para limpiarse la espuma tras la actividad*, es sencillo y además no deja mancha.

Una vez que hemos vivido y sentido esta experiencia de pringarnos, *reflexionaremos acerca de lo que significa la expresión "pringarse por algo", "pringarse por alguien"*, y cómo nuestra sociedad nos invita a no pringarnos demasiado, a no comprometernos, incluso a quien lo hace, se le suele decir en España *"ese es un pringado"*.

146. Las gafas de ver el futuro.

Vamos a traer al aula o sala de reunión 5 tipos de gafas, y las vamos a presentar como las gafas de ver el futuro. Evidentemente, no se trata de adivinar el futuro ni que te lo adivine nadie, es decir, no puedes dejar tu futuro en manos del destino, de los videntes o de creencias irracionales: aquí podemos aprovechar para hacer una crítica sobre estas prácticas fraudulentas.

La metáfora de las gafas de ver el futuro pretende ayudarnos a tomar conciencia de nuestra actitud y papel proactivo hacia el mañana. En este sentido, les decimos que hay *cinco tipos de gafas o dispositivos ópticos con los que la gente suele enfocar su futuro* mientras nos las vamos poniendo:

1. *Antifaces opacos.* Son estos que se utilizan para evitar la luz y poder dormir. Estos antifaces psicológicos se los pone la gente que generalmente prefiere no ver la luz de su futuro, prefiere no pensar en ello, prefiere no afrontarlo y seguir dormido en el sueño del presente.

2. *Gafas oscuras de sol.* Con estas gafas lo vemos todo bastante oscurecido, como hemos comprobado muchas veces. Si estas gafas son psicológicas, entonces vemos nuestro futuro muy nublado y oscuro, como decimos popularmente "lo veo muy negro". ¿Qué actitud tenemos hacia el futuro cuando lo vemos muy difícil, oscuro, muy complicado? Generalmente adoptamos una actitud derrotista y reactiva: como está muy negro, mejor no hacer nada.

3. *Catalejo del vigía.* Hay gente que en lugar de gafas lleva *un catajelo para enfocar y visualizar su futuro,* para verlo antes de llegar y hacerse una idea de cómo es, representarse anticipadamente ese lugar soñado. Visualizarnos en el futuro, como ese lugar soñado en el que nos gustaría estar, es muy importante por dos razones: por un lado *nos orienta hacia dónde debemos ir, tenemos una meta,* un destino, y por otro lado, *crea en nosotros un recuerdo del futuro,* es decir, un motivo potente que tira de nosotros hacia delante. El catalejo de vigía es propio de personas que saben lo que quieren y que saben a dónde van. Es bueno estar enfocados con el catalejo, pero también estar abiertos a nuevas aventuras y oportunidades, incluso a modificaciones de la meta si fuera necesario.

4. *Gafas optimistas de la esperanza.* Hay personas que ven el futuro con esperanza, que confían en que las cosas van a ir bien, y si no van bien, que van a superar los obstáculos que aparezcan. *Tener esperanza no garantiza el futuro, pero nos ayuda a estar enfocados en los aspectos positivos nuestros y de la realidad*, y ello hace que sea más posible lograr el futuro así que con las gafas oscuras que comentaba en el punto 2.

5. *Gafas de araña.* Finalmente, hay unas gafas muy interesantes y actuales que *nos evitan estar enfocados sólo en un punto fijo* o meta fija. Las gafas de araña *nos ayudan a ver el futuro como una red de posibilidades que están conectadas entre sí*, incluso con el presente. Es decir, que muchas de las cosas que hacemos hoy, tendrán sentido en el futuro porque serán parte de una conexión importante. Tener esa visión de red interconectada de experiencias, habilidades y conocimientos, hace que demos más sentido a lo que hacemos hoy, porque ello puede tener valor en el futuro, puede aportar para lograr ese sueño que tenemos hoy. El mayor ejemplo lo podemos tener hoy en las redes sociales que vamos creando: hay que tener visión de futuro en las mismas, en lo que aportamos, comentamos y conectamos, porque ello puede ser clave en nuestro futuro.

De tal forma que para ver mejor nuestro futuro y enfocarlo necesitamos *una visión enfocada en una meta* (catalejo), *una visión optimista* (gafas positivas) *y una visión global e interconectada* (gafas de araña), y por supuesto evitar las gafas de la ceguera y la miopía social (antifaz de dormir y gafas oscuras).

A partir de aquí, pedimos a cada participante que piense en su futuro (todos lo tenemos, tengamos la edad que tengamos) utilizando el catalejo, las gafas positivas y las gafas de araña. Luego podemos compartir nuestras visiones del futuro.

También podemos aplicar la actividad *en plural hablando de "nuestro futuro"* como equipo, como empresa, como comunidad. En este caso, presentamos las gafas, y luego por equipos, cada equipo analiza "nuestro futuro" con las mismas tres gafas comentadas, también si tenemos ciertas inercias o tentaciones a ponernos las gafas negras o el antifaz, y finalmente puesta en común y conclusiones acerca de cómo enfocar el futuro colectivo a partir de hoy.

147. El dado inconformista.

Llevaremos al aula varios dados, uno por cada equipo. Les diremos, cuando corresponda (no al comienzo de la actividad) que *el dado inconformista tiene seis preguntas clave para analizar críticamente nuestras creencias más limitantes*, en el sentido que le dio a las mismas el psicólogo Albert Ellis.

Pero no usaremos las creencias irracionales de Ellis, sino las nuestras, más comunes y más utilizadas con nuestras propias palabras. Le diremos a *cada participante que piense en 5 "frases hechas" o expresiones que utilizamos a menudo en nuestra vida* y que están detrás de nuestras actitudes o decisiones. Por ejemplo: "para tener éxito en esta empresa o grupo, me tengo que llevar bien con todo el mundo". Cada cual escribirá sus 5 frases hechas en 5 tarjetas: recomiendo utilizar *pequeñas tarjetas de cartulina blancas tipo de archivador*, todas iguales porque luego las mezclaremos como si fueran cartas. Conviene decirles que escriban en letra mayúscula, para que se lean luego mejor.

De esta forma ya tenemos a cada participante con sus cinco tarjetas de frases hechas. Ahora hacemos *equipos de unas 5 personas cada uno*, de tal forma que cada cual aportará al equipo sus cinco frases, y cada equipo va a trabajar con el dado inconformista (que aún no hemos presentado ni hablado de él) sobre 25 frases. Reunidos cada 5 participantes en una mesa-equipo, ahora les diremos que *junten todas sus tarjetas, las mezclen como si fueran cartas y las pongan boca-abajo en el centro* de la mesa.

Es el momento ahora de *facilitar el educador/a a cada equipo una hoja con las seis preguntas de los seis números del dado.* Cada cual tirará el dado, y en función del número que le salga preguntará a la tarjeta-frase que levante del montón, lo siguiente, siguiendo la hoja de preguntas entregada por el educador/a:

- Número 1: ¿Esta frase nos ayuda a proteger la vida o la salud de las personas.
- Número 2: ¿Esta frase nos ayuda a alcanzar nuestros objetivos personales y/o compartidos?
- Número 3: ¿Esta frase nos ayuda a resolver nuestros conflictos y desacuerdos con otras personas?
- Número 4: ¿Esta frase nos ayuda a sentirnos bien con nosotros y con nuestra vida, nos ayuda ser felices?
- Número 5: ¿Esta frase nos ayuda a servir a los demás y a la sociedad.
- Número 6: ¿Esta frase nos ayuda a actuar de forma ética y justa?

De este modo *el dado nos ayudará a tomar conciencia, cuestionar y desmontar nuestras creencias más irracionales o limitantes.* Dentro de las frases hechas saldrán algunas que sean más irracionales o limitantes, y otras que no lo sean o que lo sean en menor medida, eso también podemos diferenciarlo en la reflexión final. En general, *las frases que son más irracionales y limitantes son las que no pasarían el filtro de ninguna de las preguntas,* o de casi ninguna.

148. La comanda de los deseos.

Cuando vamos a un restaurante, lo normal es que venga un camarero o camarera con una libreta de la comanda. Ahora las hay electrónicas, pero a mí me siguen gustando más las de toda la vida, con un papel principal en color blanco para escribir y dos papeles auto-copiativos más, en dos colores diferentes. Comanda viene del francés "commander" que significa pedir, y se trata de un vale interno que por triplicado efectúa el camarero de los productos que los clientes van a tomar.

¿En qué consiste la dinámica? Sencillamente en imaginarse un restaurante de los deseos donde los clientes pueden pedir todo aquello que desean, bien para sí mismos o bien para otros. El facilitador/a (y algún ayudante si es un grupo grande) tomará nota de dichos deseos en la libreta de comanda, poniendo el nombre del cliente que pide, lo que pide, y de este modo dejaríamos *una copia de la comanda al cliente*, otra *copia para el camarero o coach* de los deseos en este caso, y *otra se pondría en un tablón público* para que la vieran todos.

Conviene que en los pedidos se concreten bastante los deseos, porque si deseamos la paz del mundo, o el fin de las injusticias, es como si en un restaurante pedimos una alimentación equilibrada y sana, sin concretar el producto.

Una vez que tenemos todos los deseos a la vista, podemos ver en qué medida se parecen o en qué medida se diferencian de los demás. También, siguiendo a Abraham Maslow, podemos *valorar cuáles son las necesidades que hay detrás de nuestros deseos*: según la teoría de la motivación humana de Maslow, *nuestros deseos son la forma que tenemos de verbalizar nuestras necesidades inconscientes*. Podemos incluso decir que en este restaurante, en lugar de una Pirámide de los

Alimentos, tenemos una *Pirámide de las Necesidades* (la de Maslow con sus cinco niveles: básicas, de seguridad, de afecto, de autoestima y de realización personal). Podemos *dibujar la pirámide en grande e ir pegando las copias de las comandas en la misma* en función de con qué necesidad está relacionado el deseo expresado por cada cliente (participante).

Por tanto, si tenemos un conjunto de deseos explícitos en el tablón público, podemos valorar desde ahí cuáles son las necesidades más importantes del grupo de personas que ha venido a este restaurante de los deseos. Y con ello, podemos ver qué hacer juntos para resolver o satisfacer estas necesidades: es decir, *en este restaurante no hay cocina y todos vamos a ser, entonces, los cocineros de los deseos de los demás,* ofreciéndoles nuestras recetas a partir de nuestras habilidades y experiencia, creando una red de solidaridad interna dentro del grupo de trabajo o encuentro.

149. Cinco objetos cotidianos para compartir la vida.

A través de 5 objetos conocidos, que están muy relacionados a modo de símbolo o metáfora con el *Sentido de la Vida*, vamos a dinamizar un diálogo profundo y sincero sobre esas cosas que nos importan. A cada objeto le asignaremos varias preguntas, y tendremos los objetos visibles en la sala, preferiblemente en el centro en una mesa o en el suelo. Según los va situando en el suelo, el educador/a va explicando el significado de cada objeto para el objetivo de esta dinámica, guiándose por la descripción que hago más abajo.

Decimos que vamos a compartir nuestra vida a través de estos objetos. Cada cual elegirá un objeto, y de ese objeto sacaremos una pregunta. Una vez que responde a la pregunta, el siguiente participante elegirá otro objeto, sacamos otra pregunta, etc. Los objetos y su significado serán estos:

1. *Reloj despertador.* El tiempo y su decisión de usarlo y en qué usarlo como dimensión vital importante. El despertador como oportunidad de vivir otro día, de tener motivos para levantarse. Tiempo para uno mismo & tiempo compartido o entregado a los demás.

2. *Mochila de viaje.* En una mochila no cabe todo, saber elegir lo realmente necesario e imprescindible, no aferrarse a muchas cosas, ir ligeros de equipaje. La capacidad de tener una hoja de ruta, saber dónde vamos, tener un sueño, una meta. No quedarse anclado en lo inmediato, en el propio suelo o lugar: levantar la vista, mirar hacia adelante y seguir caminando.

3. *Claqueta de actuar.* Ser protagonistas de nuestra propia vida, tener un argumento y un sentido. Ser actores vitales & espectadores sociales: salir a las escenas de la vida, levantarse de las butacas de la comodidad. Como actores, formar parte de una Compañía: no estamos solos, nuestro papel tiene sentido con los demás papeles. Tener una personalidad propia, identificar nuestro personaje en el cuento de la vida.

4. *Cámara de fotos.* La vida está llena de imágenes grabadas interiormente, de recuerdos. Hay recuerdos buenos, y recuerdos menos buenos: aprender a perdonar, aceptar y desprenderse de las imágenes dolorosas es importante. Elegimos imágenes importantes para nosotros: salvapantallas, mesilla de noche, mesa de trabajo... Contemplar y recordar aquellos momentos especiales, paisajes, personas, para ponerlos en el propio álbum de la vida.

5. *Caja de los regalos.* La vida es un regalo, y por ello es bueno estar agradecidos a los que nos han dado esa vida. La vida es regalarse, y hay muchas formas de hacerlo: tiempo, alegría, compañía, amistad. Tenemos mucho que compartir y regalar, muchos dones, y

mucho que recibir: si no abrimos nuestras cajas, nunca lo sabremos.

Una vez que tenemos claros los símbolos y su significado, las algunas preguntas que podemos formular en cada uno de ellos son estas:

Reloj despertador.

- *¿Por qué merece la pena despertarse cada mañana?*
- *¿Por quién perderías tu tiempo o pararías tu reloj?*
- *¿Cuál es el despertar más bello que has tenido en tu vida?*

Mochila de viaje.

- *¿Qué tres cosas no pueden faltar en tu mochila de la vida?*
- *¿Eres más feliz en el camino o al llegar a tu destino o meta?*
- *¿Qué sientes cuando te pones una* mochila sobre los hombros y empiezas a caminar?

Claqueta de actuar.

- *¿Qué te gusta más, ser espectador/a de la vida de otros o actor/a de tu propia vida?*
- *¿Qué tipo de escenas y papeles te gustan más en la vida?*
- *Si tu vida fuese una película, ¿qué titulo le pondrías?*

Cámara de fotos.

- *¿Cuál es la imagen de tu vida, aquella que enmarcarías en tu mesilla o mesa de trabajo?*
- *¿Qué lugar especial se te quedó grabado para siempre en tu memoria y en tu corazón?*

- *¿Qué imagen pondrías en la portada del libro de tus memorias?*

Caja de los regalos.

- *¿Cuál es el mejor regalo que te han hecho en tu vida?*
- *¿Qué es lo mejor que puedes regalar de ti, lo más valioso de tu persona?*
- *¿Qué regalo te gustaría recibir ahora, lo más valioso para ti en este momento?*

150. Viaje hacia la empatía.

Vamos a plantear a todos los participantes que planifiquen un *viaje hacia la empatía*. Definimos la empatía como ese ponerse en el lugar del otro, en su perspectiva, en su mapa de pensar las cosas, en sus sentimientos, en su situación difícil ahora (¿si yo fuera esa persona, cómo me sentiría, qué me gustaría que me dijeran?).

Lo haremos por equipos, y *cada equipo diseñará la metáfora de su viaje a la empatía*, como cuando preparamos un viaje importante: ¿Qué equipaje necesitamos? ¿Qué nos gusta de este viaje? ¿Qué barreras encontramos para abandonar nuestra zona de confort actual y salir a ese viaje? ¿Lo haremos solos o con alguien más? ¿Habrá algunas paradas o escalas? ¿Qué coste emocional tiene?

Es importante pensar que *en realidad el viaje a la empatía es un "viaje hacia el otro"*, hacia su ciudad y su forma de ver la vida, andando por su mapa de la realidad. Al final pondremos en común todas las ideas y metáforas de este viaje, y sacaremos nuestras propias conclusiones para aprender a ser más empáticos/as con los demás.

César García-Rincón de Castro
www.cesargarciarincon.com
Madrid (1966).

Doctor en Sociología, Licenciado en Sociología Industrial y Diplomado en Trabajo Social.

Ha recibido el Premio Santillana 2000 y el Premio Experiencia Didáctica en el Área de Letras, del CDL-Madrid, ambos por un proyecto de Educación en la Solidaridad con alumnado de Bachillerato. Medalla de doctor de la Universidad Pontificia de Salamanca.

Ha publicado una treintena de libros y manuales didácticos en editoriales como Desclée, Narcea, PPC, SM, Anaya, Vicens-Vives y Homo Prosocius.

Conferenciante, formador y consultor a nivel nacional e internacional de proyectos educativos y pedagógicos en varias Fundaciones, Congregaciones, Empresas y Organismos Públicos.

Ha sido responsable del Departamento de Trabajo Social del Colegio Ntra. Sra. del Recuerdo (Compañía de Jesús – Madrid) desde 1990 hasta 2006. Pionero en España de la Educación Prosocial y el Servicio Social en la escuela desde un enfoque curricular.

Ha sido profesor colaborador de la Universidad Pontificia Comillas de Madrid, así como colaborador en la revista Padres y Maestros de dicha universidad. Ha sido coordinador del

Curso de "Especialista Universitario en Educación para el Desarrollo Global. Investigación, Innovación y Metodologías". También es profesor colaborador en la Universidad de Andorra, dentro del Curso sobre Cooperación al Desarrollo y Voluntariado.

Consultor internacional de los Centros Educativos Compañía de María, dentro del proyecto de Educación para el Desarrollo "Identidad Cosmopolita Global, que ha diseñado y puesto en marcha en España, Francia y Colombia. Ponente en el *I Simposio Internacional de Identidad Cosmopolita Global* en Medellín y Bogotá (Colombia), en septiembre de 2016.

Director del área educativa y social de la Fundación Europea para el Estudio y Reflexión Ética, desde la que ha desarrollado ya un modelo educativo de Ética Social en la infancia y un modelo de Liderazgo Ético para desarrollar en las organizaciones.

Profesor colaborador en varias universidades: Universidad Pontificia Comillas, Universidad de Andorra, CEU Cardenal Herrera de Valencia y Real Centro Universitario Mª Cristina de El Escorial.

Experto en dinámicas de grupo y recursos didácticos, que comparte en su canal de YouTube y en el sitio www.cocinandoaprendizajes.org

Músico y compositor profesional, especializado en canción pedagógica infantil. Creador de los populares "Emoticantos", para la educación emocional y prosocial de la infancia, que se trabajan ya en muchas escuelas y centros educativos de todo el mundo. El abril de 2018 ha formado a 50 educadores/as infantiles sobre el programa Emoticantos en la Universidad Manuel Montt de Santiago de Chile, en un Seminario organizado por la revista de psicopedagogía REPSI Chile.

Experto en Valores Humanos y Educación para el Desarrollo Humano. En mayo de 2019 ha formado a más de 150 educadores/as y responsables públicos educativos en Santo Domingo (República Dominicana) dentro de un simposio y curso formativo organizado por la ONG ServiRD (Compañía de Jesús) en la Pontificia Universidad Católica Madre y Maestra.

En 2019 ha desarrollado de forma innovadora y actualizada los contenidos de las 10 unidades didácticas, así como sus indicadores e instrumentos de evaluación competencial, del programa de formación del voluntariado basado en competencias "Talante Solidario" para la Fundación FADE en Murcia (España).

Creador de varios modelos pedagógicos innovadores relacionados con el área del desarrollo de personas: liderazgo, competencias y habilidades, relaciones eficaces, gestión de conflictos, espíritu emprendedor, inteligencia emocional, Programación Neuro-Lingüística, etc.